Everyday Flowers

임샛별 지음

Everyday Flowers
: 일상의 꽃

초판 1쇄 발행 2019년 01월 14일
초판 3쇄 발행 2021년 01월 28일

지은이	임샛별
펴낸이	한준희
발행처	(주)아이콕스
기획·편집	박윤선
디자인	장지윤
사진	김남헌(B612 스튜디오)
영업·마케팅	김남권, 조용훈, 문성빈
영업관리	김진아, 손옥희
주소	경기도 부천시 조마루로385번길 122 삼보테크노타워 2002호
홈페이지	http://www.icoxpublish.com
인스타그램	@thetable_book
이메일	thetable_book@naver.com
전화	032) 674-5685
팩스	032) 676-5685
등록	2015년 7월 9일 제 386-251002015000034호
ISBN	979-11-86886-82-3

· 더테이블은 일상에 감성을 더하는 (주)아이콕스의 출판 브랜드입니다.

· 더테이블은 독자 여러분의 도서에 대한 의견과 투고를 기다리고 있습니다.
  책 출간을 원하시는 분은 더테이블 이메일 thetable_book@naver.com으로 간략한 기획안과 성함, 연락처를 보내주세요.

· 이 책은 저작권법에 따라 보호받는 저작물이므로 무단 전제 및 복제를 금하며,
  이 책 내용의 전부 또는 일부를 이용하려면 반드시 저작권자와 (주)아이콕스의 서면 동의를 받아야 합니다.

· 잘못된 책은 구입하신 서점에서 바꾸어드립니다.

· 책값은 뒤표지에 있습니다.

∴ 일상의 꽃

Prologue   꽃집 아가씨
　　　　　　꿈

20대 초반 작고 아기자기한 개인 카페들이 하나씩 생기는 게 유행이었는데 그때 카페 테이블마다 꽂혀있던 작은 화병의 꽃들이 그렇게 예뻐보였어요. 아마 그땐 아직 일상생활에 생화데코가 익숙하지 않았던 때라 더 특별했던 것 같아요. 그땐 이름도 모르는 꽃들이었지만 그렇게 어쩌다 꽃을 보는 게 큰 즐거움이었고 회사에 들어가면서 취미생활로 꽃을 꾸준히 배우게 되었어요.

그때부터 막연하게 '너의 꿈이 뭐야?'라고 물어보면 '꽃집 아가씨'라고 답하곤 했습니다. 그땐 정말로 꽃집을 하게 될 줄 몰랐어요. 결국 회사 생활에서 더 이상 내 인생의 동기부여를 찾을 수 없다는 생각이 들었을 때 '좋아하는 일을 해야겠다'라고 결심했고 퇴사와 함께 파리 까뜨린뮐러 과정을 들으러 가게 되었지요.

수업을 듣고 여행을 하는 동안 파리, 프라하, 피렌체, 로마, 베니스 등등 유럽의 도시들을 걷고 또 걸으면서 느낀 것은 '이 사람들은 정말 꽃이 일상이구나, 이런 게 생활화구나'라는 것이었어요.

2013년만 해도 생일, 승진, 졸업, 부모님 생신처럼 특별한 날에만 꽃을 선물하는 것이 일반적이었기 때문에 이것이 하나의 유행이 되려면 시간이 조금 걸리겠다는 생각은 했지만 가까운 미래에 한국에서도 꽃이 대중화되겠구나라는 확신이 있었어요.

대치동 학원가 쪽에서 초보 꽃집 사장으로 일 년을 보내고 강남까지 출퇴근하던 2~3시간을 아껴 영업 시간을 좀 더 늘려보기로 결정하고 과감히 집근처인 연남동으로 두 번째 가게를 오픈하게 되었어요. 가게 이전 후 4년이란 시간이 지났고 그동안 운 좋게도 연남동은 현재 젊은 20~30대 분들이 연인과의 데이트나 친구들과 즐거운 시간을 보내는 핫한 장소가 되었지요.

어떤 특별한 이벤트가 없더라도 꽃을 선물하고 본인을 위한 꽃과 식물을 사러 오시는 손님들이 늘었어요. 물론 꽃 구입 외에 취미생활로 꽃을 배우는 분들도 늘어났죠.

이런 변화 덕분에 라플로르를 알아주시고 꽃을 배우러 와주시는 분들도 자연스럽게 많아졌습니다. 꽃집이 늘어가는 추세만 보더라도 이젠 꽃이 어느 정도 대중화가 되었구나라고 많이 느끼는 요즘입니다.

꽃집 아가씨 꿈이 현실이 되었고 가게를 오픈한 이후로 목표가 뭐냐는 질문을 받을 때마다 '출판'이라고 답했던 제가 실제로 책을 출간하기까지 5년간의 저의 노력들을 책에 담아 보일 수 있게 되어 기뻐요.

촬영 때문에 미루었던 수업 일정을 배려해주신 수강생 분들과 5년간 저를 믿고 따라와주신 수강생분들, 라플로르 꽃을 좋아해주시는 모든 분들께 감사함을 전합니다. 순간순간 문득 꽃이 주는 행복과 즐거움을, 위로를 느껴보신 분들께, 곧 저와 같은 일을 하고자 하는 분들께 이 책이 작은 도움이 될 수 있길 바랍니다.

2018년 12월, 저자 **임샛별**

LA FLOR FLOWER
Arrangement

　라플로르의 플라워 콘셉트는 '일상생활에서 쉽게 즐길 수 있는 꽃'이에요. 그래서 꽃의 가짓수가 너무 많고 복잡한 꽃꽂이보다는 군더더기 없는 깔끔한 꽃꽂이를 추구하고 있어요. 실제로 라플로르 SNS를 보고 주문하시는 분들의 통계만 보더라도 단순한 꽃 구성을 선호하신다는 것을 알 수 있어요. 이 책에서는 이제 막 꽃의 아름다움을 알기 시작한 초보자 분들부터 라플로르만의 감각이 궁금하신 분들까지 쉽게 이해하실 수 있도록 꽃꽂이 과정을 자세하고 친절하게 담아냈어요.

이책을 활용하는 방법 :

Before
Making Flowers

꽃 수업을 시작하기 전에 기본적으로 알아두어야 할 내용을 설명해요. 좋은 꽃을 고르는 방법부터 실패 없는 꽃 조합 방법까지 꽃꽂이가 어려운 분들을 위해 준비했어요.

Basic
Lesson

본격적인 클래스를 시작하기 전에 알아두어야 할 기초적이면서도 가장 중요한 내용이에요. 특히 꽃다발을 만들 때마다 활용되는 스파이럴 기법과 바인딩 포인트는 꼭 연습해보는 것을 추천해요.

LA FLOR FLOWER
Special Tip

많은 분들이 궁금해 하는 LA FLOR FLOWER의 포장지, 리본에 대한 활용법과 함께 세 가지 방법으로 연출하는 부케 매듭법, 다양한 꽃다발 포장법을 친절하게 알려드려요.

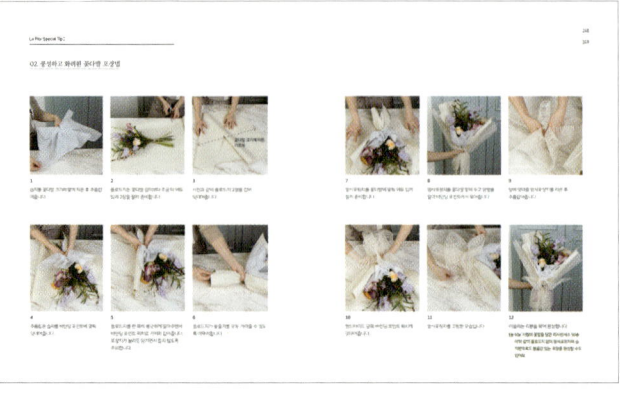

Class
01-06

본격적인 꽃 수업을 시작해요. 핸드타이드, 화병꽃이, 플라워박스와 바스켓, 부케, 리스를
클래스별로 나누어 과정 이미지로 상세하게 설명해요. 특별한 날을 위한 이벤트 플라워도 담았어요.

완성된 작품에 사용된 꽃의 종류와 양을 한눈에 볼 수 있어요

좀 더 자세한 과정을 알고 싶다면 표시된 페이지를 찾아가 과정 이미지로 쉽게 이해할 수 있어요.

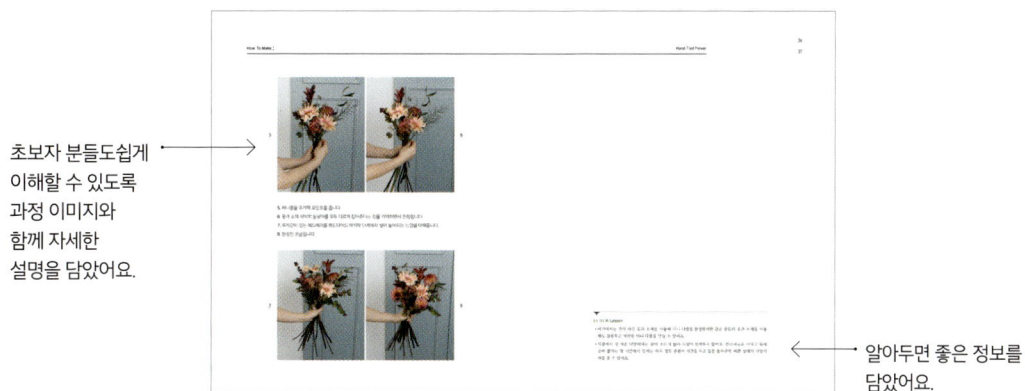

초보자 분들도 쉽게 이해할 수 있도록 과정 이미지와 함께 자세한 설명을 담았어요.

알아두면 좋은 정보를 담았어요.

contents

Prologue

LA FLOR FLOWER Arrangement

이 책을 활용하는 방법

Before
Making Flowers

01. 다양한 꽃을 구매할 수 있는 곳	• 014
02. 좋은 꽃 고르는 방법	• 016
03. 실패 없는 꽃 조합 방법	• 019
04. 기본 도구와 재료	• 020

Basic
Lesson

01. 꽃다발의 구성	• 026
02. 꽃 손질법	• 027
03. 플로럴폼 사용법	• 027
04. 스파이럴 기법과 바인딩 포인트	• 028

Class 01.
Hand-Tied Flower

01. 붉은 톤의 미니 다발 · 032
02. 남아공 소재로 만드는 큰 꽃다발 · 038
03. 가을을 닮은 들꽃 한 묶음 · 044
04. 사랑의 꽃말을 담은 리시안셔스 50송이 · 050
05. 파스텔 톤으로 완성하는 수국 꽃다발 · 058
06. 장미가 돋보이는 심플한 다발 · 064
07. 두 가지 장미로 만드는 근사한 꽃다발 · 070
08. 겨울철 인기 디자인, 튤립 꽃다발 · 078
09. 겨울의 화사한 색감을 담은 꽃다발 · 084

Class 02.
Flower Vase

01. 낮은 화기에 꽂는 화병 속 정원 · 092
02. 포트 식물을 활용한 여름 화병 꽃이 · 100
03. 테이프를 활용한 화병 꽃이 · 108
04. 자연줄기를 활용한 화병 꽃이 · 114
05. 과일도 꽃처럼, 라운드 센터피스 · 120
06. 파티 테이블에 어울리는 테이블 센터피스 · 126
07. 나무껍질로 감싼 커버드 센터피스 · 132

Class 03.
Flower Box & Basket

01. 수국으로 만드는 오픈형 플라워박스	• 140
02. 상자에서 피어나는 꽃	• 146
03. 히아신스 향기를 가득 머금은 꽃바구니	• 152
04. 소재를 가득 담은 들꽃 바구니	• 158
05. 한 가지 톤으로 와인을 돋보이게 하는 와인바구니	• 164
06. 라플로르 인기 색감 오렌지블루 틴 바스켓	• 170
07. 10분 만에 완성하는 과일바구니	• 176

Class 04.
Bouquet

01. 작약으로 만드는 겨울 웨딩 부케와 부토니에르	• 184
02. 두 가지 꽃만으로도 근사한 웨딩 부케와 부토니에르	• 192
03. 소재로 만드는 웨딩 부케	• 200

Class 05.
Wreath

01. 자투리 소재들을 활용해 만드는 미니 드라이 리스 • 208
02. 프리저브드 재료를 활용한 예쁘게 마르는 리스 • 216
03. 촛대를 넣은 테이블 리스 • 222
04. 은은하게 나는 나무 향기 오너먼트 리스 • 228

Class 06.
Event Flower

01. 드림캐처 • 236
02. 저그 센터피스 • 238
03. 자연줄기로 만드는 화관 • 240
04. 수국 파티 센터피스 • 242

LA FLOR FLOWER
Special Tip

01. 세 가지 방법으로 연출하는 부케 매듭법 • 246
02. 풍성하고 화려한 꽃다발 포장법 • 248
03. 간단하고 세련된 꽃다발 포장법 • 250
04. 포장지, 리본 활용법 • 251

_ Editor's Pick
_ About LA FLOR FLOWER

Before
Making Flowers

 다양한 꽃을 구매할 수 있는 곳

영업시간과 휴무일은 시장마다, 업체마다 달라질 수 있으니 미리 확인한 후 방문하는 것을 추천해요.

강남 고속버스터미널 화훼상가

주소	서울시 서초구 신반포로 194(반포동 19-4 강남고속버스터미널) 3층
생화 영업시간	23:30~12:00(일요일 휴무)
조화 영업시간	00:00~18:00(일요일 휴무)
특이 사항	꽃이 들어오는 월, 수, 금을 제외한 나머지 요일의 00:00~05:00에는 꽃이 많이 남아 있지 않거나 문을 닫은 업체들이 있을 수 있음

서울 양재동 화훼공판장

주소	서울시 서초구 강남대로 27(양재동 232)
생화 영업시간	00:00~13:00(일요일 휴무)
부자재, 조화 영업시간	01:00~15:00(일요일 휴무)

서울 남대문 꽃시장

주소	서울시 남대문시장 4길 21(남창동 49-1) 대도상가 E동 3층
홈페이지	http://namdaemunmarket.net
영업시간	업체마다 상이

대전 꽃시장

주소	대전시 서구 둔산북로 22(둔산동 967) 둔산라이프 종합상가 내
영업시간	08:30-19:00(일요일 휴무)
특이 사항	토요일은 일찍 마감하는 업체가 있음

부산 자유 도매시장

주소	부산 동구 조방로 48 자유시장(범일동 830-24)
외곽 1, 2층 영업시간	07:00~18:00(일요일 휴무)
3층 영업시간	07:00~18:00(연중무휴)

대구 꽃시장

주소	대구 북구 칠성남로 164(칠성동 2가 302-119) 302 대구 꽃백화점
영업시간	08:00~18:00(일요일 휴무)

제주도 북제주 플라워샵

주소	제주시 과원로 52(연동 1376-1)
영업시간	09:00~18:00(일요일 휴무)

제주도 에덴 꽃 플라자

주소	제주시 연신로 27(일도2동 109-14)
영업시간	08:00~18:00(일요일 휴무)
특이 사항	토요일은 17:00시에 영업 마감

02   좋은 꽃 고르는 방법

1. 시간적인 여유가 있다면 꽃이 새로 들어오는 월, 수, 금요일에 시장에 가는 것이 좋아요. 수입 꽃의 경우 화, 수요일 입고가 보통이지만 통관 상황에 따라 조금씩 지연될 때도 있어요.

2. 사용하는 목적에 따라 줄기의 두께가 알맞은 꽃을 고르세요. 특히 다발로 만들 꽃을 구입할 때에는 줄기가 너무 얇지 않고 곧게 뻗은 것을 골라야 다발로 만들기 쉬워요.

3. 줄기에 달린 초록 잎사귀의 색이 누렇게 변했거나 바싹 마르지 않았는지 살펴보세요. 꽃의 컨디션이 좋지 않다는 증거예요.

4. 꽃의 가격이 너무 저렴하다면 꽃의 상태를 더 꼼꼼하게 살펴보세요. 보통 같은 꽃이라도 줄기의 길이, 두께, 꽃의 크기에 따라 가격 차이가 나기 때문에 저렴할수록 꽃의 상태가 좋지 않은 경우가 많아요.

5. 왁스플라워, 스키미아 등 육안으로 시든 상태를 확인하기 힘든 경우에는 입고된 날짜를 물어보세요. 가능한 5일이 지나지 않은 것이 좋아요.

6. 꽃마다 만개하는 속도가 다르기 때문에 꽃을 사용할 시기를 생각해 몽우리 상태의 것을 고를 것인지, 반 정도만 핀 것을 고를 것인지를 따져보고 구분해 고르세요.

7. 수국은 되도록 줄기 밑에 물주머니가 달려있는 것을 골라야 사오는 동안에도 성성함을 최대한으로 유지할 수 있어요.

8. 소재 가게에서 소재를 고를 때에는 찢어진 잎이 많거나 잎이 많이 떨어진 것은 피하세요.

실패 없는 꽃 조합 방법

꽃을 구입하기 전에는 먼저 어떤 작품을 만들지, 메인 꽃을 어떤 것으로 할지를 정한 후 구입하는 것이 좋아요. 만들 작품을 생각하지 않고 꽃시장에 오면 눈에 보이는 예쁜 꽃들을 다 사버리게 되거나 서로 어울리지 않는 꽃들이 섞여버려 결국 작품에 사용하지 못하는 꽃이 생기기 때문이에요. 꽃시장에 가기 전에는 먼저 메인이 될 꽃을 정해주세요. 메인 꽃을 정한 후에는 메인 꽃에 맞춰 그에 어울리는 소재와 나머지 꽃들을 선택해야 불필요한 꽃을 고르는 일이 없어요.

초보자 분들일수록 색의 대비가 뚜렷한 보색의 조합보다는 한 가지 색 조합이나 유사한 색 조합이 실패 없이 완성하기 더 쉬워요. 본 책에서는 유사색 조합부터 보색 조합까지 다양하게 다루고 있으니 실제로 작품을 만들다보면 색과 소재의 조합이 쉬워질 거예요.

기본 도구와 재료

꽃시장에 가보신 분들은 부자재 코너를 둘러볼 때 '이건 어디에 쓰는 거지?'라는 궁금증이 생기는 도구와 재료들이 많이 있으셨을 거예요. 비교적 쓰임이 넓은 도구와 부자재를 설명해드릴게요.

1. 꽃가위
생화용 가위로 주로 꽃의 줄기를 자르거나 꽃을 다듬을 때 사용해요.

4. 플로럴폼
사각형, 구형, 리스형 등 다양한 모양과 크기가 있어요. 플로럴폼은 물을 충분히 먹인 후 사용하며 꽃바구니나 화병의 크기에 맞게 잘라 사용해요. 플로럴폼을 사용하면 수분을 오랫동안 공급할 수 있고 꽃을 원하는 방향과 높이로 쉽게 고정할 수 있어요.

2. 소재용 가위
전정가위, 전지가위가 있으며 꽃보다 두껍거나 단단한 소재의 줄기를 자를 때 주로 사용해요.

5. 플로럴폼 나이프
플로럴폼을 알맞은 크기로 자를 때 사용해요.

3. 가시제거기
실리콘 타입과 집게 타입이 있어요. 장미류에 있는 가시나 단단한 줄기에 달린 잎을 제거하는 데 사용해요. 자를 때 너무 강한 힘을 주게 되면 꽃 줄기에 상처가 나거나 줄기가 부러질 수 있으니 주의하세요.

6. 꽃칼
꽃의 줄기를 자를 때 꽃가위보다 깊게 사선으로 커팅할 수 있어요. 플로럴폼을 더 세심하게 깎을 때도 사용해요.

7. 플로럴테이프
생화 줄기를 와이어링했을 때 와이어를 고정하고 가려주는 용도로 사용해요. 시중에 다양한 색상으로 나와 있어 사용하는 목적과 줄기의 색상에 맞춰 고를 수 있어요. 날이 추운 겨울에는 접착력이 떨어질 수 있으니 주의하세요.

11. 글루건
리본, 리스의 소재, 초 등 다양한 재료를 고정하는 용도로 사용해요. 글루건을 사용할 때는 글루가 녹아내려 손에 화상을 입거나 테이블, 화기 등에 묻어 오염이 되지 않도록 주의하세요.

8. 지철사
꽃을 고정하는 등 다양한 용도로 사용해요. 18~27호까지 있으며 숫자가 작을수록 굵은 철사예요. 일반적으로 호수 앞에 '#' 표시가 되어 있으며 녹색, 흰색, 갈색 등 다양한 색상이 있어요.

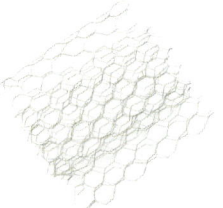

12. 치킨와이어
치킨와이어는 화병 꽃이를 할 때 화병 모양에 맞춰 구기거나 알맞게 접어 플로럴폼을 감싸 꽃이 고정되도록 도와주어요.

9. 바인딩와이어
꽃다발을 묶을 때 사용해요. 줄기가 약한 꽃을 묶을 때는 줄기가 부러지지 않도록 주의해야 해요.

13. 진주핀
부케의 리본을 고정시키거나 장식을 할 때 사용해요.

10. 생화용 접착제
생화 전용 접착제로 꽃을 고정시킬 때 사용해요. 플로럴폼에 직접 사용할 때는 젖은 플로럴폼에 사용해요.

14. T핀
코사지 뒤쪽에 고정시켜 코사지를 달 수 있게 해요. 핀 타입과 자석 타입이 있어요. 코사지를 간편하게 만들기는 좋지만 옷이 뜯길 수 있으니 주의해야 해요.

15. 마끈
주로 꽃다발을 묶을 때 사용하며 바인딩와이어보다 줄기에 손상을 덜 주면서 고정도 쉬워요.

18. 샤무드끈
리본과 같은 용도로 사용해요. 샤무드끈은 재질의 특성상 미끄러운 표면에 리본으로 감아도 흘러내림 없이 단단하게 고정할 수 있어요.

16. OPP
젖은 플로럴폼을 감싸 물이 화기 밖으로 새는 것을 방지해요. 간단한 포장을 할 때도 사용할 수 있어요.

19. 미니칠판
간단한 문구를 써서 메시지가 눈에 잘 띄도록 작품에 고정시켜 사용해요.

17. 리본
꽃다발, 바구니 등 다양한 장식용으로 사용해요. 용도에 따라 재질, 색, 굵기를 달리하여 작품에 가장 어울리는 것으로 선택하세요.

시중에 판매되고 있는 리본의 종류는 소재, 색, 두께가 참 다양해요. LA FLOR FLOWER에서 사용하는 리본들은 한눈에 찾기 쉽게 색깔별로 정리를 해두었어요. 어떤 리본으로 꽃을 마무리하는지에 따라 완전히 다른 분위기로 완성되니 꽃의 분위기에 따라, 사용할 용도에 따라 어울리는 리본으로 마무리해보세요. 251p '포장지, 리본 활용법'에서 포장지마다 어울리는 리본의 종류를 설명하고 있으니 매칭이 어려운 분들은 참고해주세요.

Basic Lesson

Basic Lesson :

01. 꽃다발의 구성
02. 꽃 손질법
03. 플로럴폼 사용법
04. 스파이럴 기법과 바인딩 포인트

Basic Lesson :

01. 꽃다발의 구성

1. **폼 플라워** Form Flower   가장 크고 중심이 되는 꽃이에요. 화형이 크고 존재감이 뚜렷하여 작품의 중심이 되며 해바라기, 반다, 히아신스, 프로테아, 아마릴리스, 수국 등을 예로 들 수 있어요. 사진 속 다발처럼 폼 플라워 없이 완성할 경우 꽃의 높낮이나 색상, 몽우리 크기 차이에 변화를 주어 심심한 느낌이 들지 않도록 하는 것이 좋아요.

2. **매스 플라워** Mass Flower   얼굴이 크고 덩어리 느낌이 드는 꽃으로 카라, 장미, 거베라, 작약, 라넌큘러스, 아네모네, 리시안셔스, 다알리아 등을 예로 들 수 있어요.

3. **필러 플라워** Filler Flower   하나의 줄기에 여러 개의 작은 꽃이 달린 꽃으로 꽃다발의 빈 공간을 메꿔주는 용도로 사용해요. 프리지아, 왁스플라워, 스위트피, 옥시펜탈리움, 에리카, 미모사 등을 예로 들 수 있어요.

4. **라인 플라워** Line Flower   선이 있는 꽃으로 작품의 마지막에 포인트를 줄 때 사용해요. 디디스커스, 베로니카, 유니폴라, 오이초, 스카비오사, 잎안개 등을 예로 들 수 있어요.

5. **그린 플라워** Green Flower   보통 꽃꽂이를 할 때 작품의 형태나 크기를 정해주는 역할을 해요. 꽃과 꽃 사이의 간격을 주기도 하고 자연스러운 느낌을 연출할 수도 있어요. 이반호프, 설유화, 서귀, 레몬잎, 레몬트리, 유칼립투스, 구아바, 남천 등을 예로 들 수 있어요.

02. 꽃 손질법

1

장미 줄기에서 잎과 가시를 다듬을 지점을 손으로 잡아줍니다.

2

가시제거기의 막힌 부분을 위로 향하게 잡아준 후 힘 있게 쓸어내려줍니다.

tip 너무 강하게 눌러 내릴 경우 줄기 표면이 상하거나 꽃이 부러질 수 있으니 힘 조절에 주의하며 작업해주세요.

03. 플로럴폼 사용법

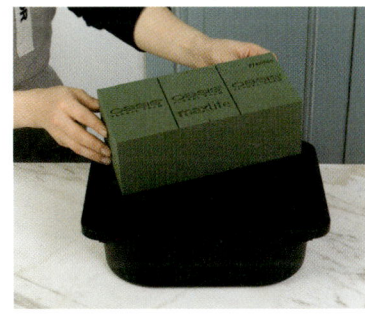

1

플로럴폼이 들어갈 정도의 큰 통에 물을 받아줍니다.

2

물 위에 플로럴폼을 띄워 아랫부분부터 천천히 물이 스며들도록 기다립니다.

3

플로럴폼이 물 밑으로 완전히 가라앉으면 꽃꽂이에 사용합니다.

tip 플로럴폼 위에 억지로 물을 부어버리면 플로럴폼 안쪽까지 골고루 수분이 스며들지 않으니 자연스럽게 속까지 물이 스며들 수 있도록 시간을 두고 기다려주세요.

Basic Lesson :

04. 스파이럴 기법과 바인딩 포인트

1

비교적 단단한 줄기의 꽃 한 송이를 기준으로 잡아주세요. 다른 꽃 한 송이는 꽃 머리는 왼쪽으로, 줄기는 오른쪽으로 오도록 잡아줍니다.

tip 이때 꽃이 오른쪽으로, 줄기가 왼쪽으로 오도록 잡아도 상관없지만 대체로 오른손잡이이신 분들은 꽃이 왼쪽으로, 줄기가 오른쪽으로 향하게 잡는 것이 편해요.

2

이제부터 추가되는 꽃들은 나선형으로 덧대듯이 잡아줍니다.

3

같은 방법으로 모든 꽃의 줄기 방향을 동일하게 맞춰 잡아나갑니다.

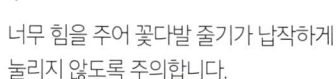

4

너무 힘을 주어 꽃다발 줄기가 납작하게 눌리지 않도록 주의합니다.

5

꽃 줄기가 모이기 시작하는 이 시점에서 바인딩 포인트를 꽃과 가깝게 잡을 경우 작고 촘촘하게 모이는 꽃다발을 만들 수 있어요.

tip 작은 다발이나 부케 만들기에 적합한 바인딩 포인트예요.

6

반대로 바인딩 포인트를 꽃과 멀게 잡을 경우 꽃들 사이에 공간이 생겨 자연스럽고 큰 다발을 만들 수 있습니다.

Hand-Tied Flower

Class 01 :

01. 붉은 톤의 미니 다발
02. 남아공 소재로 만드는 큰 꽃다발
03. 가을을 닮은 들꽃 한 묶음
04. 사랑의 꽃말을 담은 리시안셔스 50송이
05. 파스텔 톤으로 완성하는 수국 꽃다발
06. 장미가 돋보이는 심플한 다발
07. 두 가지 장미로 만드는 근사한 꽃다발
08. 겨울철 인기 디자인, 튤립 꽃다발
09. 겨울의 화사한 색감을 담은 꽃다발

Class 01 : Hand-Tied Flower

01
붉은 톤의
미니 다발

Season
가을

가을 단풍 같은 느낌의 다알리아와 거베라가 메인인 작은 사이즈 꽃다발이에요. 다알리아와 거베라 두 가지 모두 얼굴이 큰 꽃이라 방향을 잡는 것이 쉽지는 않지만 몇 번만 연습해보면 모양 잡는 방법을 터득할 수 있어요.

레드베리
바다갈대
거베라
레드왁스
올리브
페니쿰
홍가시
다알리아
땅두릅

Materials

다알리아	3대
거베라	2대
올리브	2줄기
레드베리	4줄기
레드왁스	3줄기
홍가시	2줄기
페니쿰	2줄기
바다갈대	1대
땅두릅	2줄기

Tools

꽃가위, 바인딩와이어

How To Make :   Hand-Tied Flower

스파이럴 기법과
바인딩 포인트
28p

1

2

1. 핸드타이드용으로 잘 다듬은 땅두릅과 다알리아 1대를 스파이럴 기법으로 잡아줍니다.
2. 홍가시 두 줄기를 땅두릅과 다알리아 사이에 넣어줍니다.
3. 거베라 2대를 핸드타이드 왼편에 높낮이를 다르게 넣어줍니다.
4. 레드베리, 레드왁스, 올리브 줄기, 바다갈대를 꽃들 사이사이에 채워줍니다.

3

4

How To Make :

5. 페니쿰을 추가해 포인트를 줍니다.
6. 꽃과 소재 사이의 높낮이를 모두 다르게 잡아준다는 것을 기억하면서 진행합니다.
7. 무게감이 있는 레드베리를 핸드타이드 마지막 단계에서 넣어 늘어지는 느낌을 더해줍니다.
8. 완성된 모습입니다.

LA FLOR **Lesson**

- 여기에서는 각각 다른 꽃과 소재를 사용해 미니 다발을 완성했지만 같은 종류의 꽃과 소재를 사용해도 심플하고 세련된 미니 다발을 만들 수 있어요.
- 시장에서 갓 사온 다알리아는 물이 오르지 않아 모양이 완벽하지 않아요. 꽃 손질을 마치고 물에 꽂아 짧게는 몇 시간에서 길게는 하루 정도 충분히 시간을 두고 물을 올려주면 예쁜 상태의 다알리아를 볼 수 있어요.

Class 01: Hand-Tied Flower

02
남아공 소재로 만드는
큰 꽃다발

Season
여름

꽃다발 만들기가 익숙하지 않은 초보자 분들께 추천하는 소재 꽃다발이에요. 꽃에 익숙하지 않은 분들일수록 꽃을 잡고 푸는 것을 여러 번 반복해 꽃 줄기가 상하거나 부러져버리는 경우가 많지요. 남아공 소재를 사용한 꽃다발로 줄기 잡는 법을 연습해보세요. 무게감 있고 단단한 편이라 연습용으로 좋답니다.

Materials

프로테아	1대
로빈	3대
이끼시아	5줄기
바커부시	3대
조	6줄기
강아지풀	1/2단
위성류	1/3단
유칼립투스(폴리)	4줄기
유니폴라	5줄기
설유화	3줄기
페니쿰	3줄기
이반호프	3줄기

Tools

꽃가위, 바인딩와이어, 리본

How To Make : Hand-Tied Flower

스파이럴 기법과
바인딩 포인트
28p

1. 로빈의 머리에서부터 한 뼘 반 이상 밑으로 바인딩할 위치를 잡아준 후 설유화를 나선형으로 돌려 잡고 스파이럴 기법으로 시작합니다.

2. 위성류, 페니쿰, 강아지풀 등 원하는 소재를 적절한 위치에서 높낮이를 자연스럽게 조절해가며 배치해줍니다.

3. 남아공 소재인 프로테아는 무게감이 있어 처음부터 잡고 시작하기 어려울 수 있으니 초보자의 경우 꽃다발이 거의 완성될 때쯤 넣어주는 것이 좋습니다.

4. 다발을 만드는 중간중간에 너무 아래쪽으로 빠진 것이 없는지, 부자연스럽게 올라온 것은 없는지 확인하며 높이를 조절해줍니다.

How To Make :

5

6

5. 프로테아와 로빈이 정중앙에만 모여 있지 않도록 확인하면서 남은 소재들을 배치해줍니다.

6. 소재들도 같은 종류끼리 한 곳에 모여 있지 않도록 배치해줍니다. 한 곳에 뭉쳐있는 꽃이나 소재가 있다면 다른 꽃들이 흐트러지지 않게 조심히 빼내 다른 곳으로 옮겨줍니다.

7. 꽃다발의 좌우 높이가 비대칭이 되도록 높낮이를 조절한 후 바인딩와이어로 감고 줄기를 깔끔하게 자른 후 리본을 묶어 완성합니다.

7

LA FLOR Lesson

- 다양한 종류로 꽃다발을 만들 때에는 같은 종류의 꽃이나 소재가 한 군데에 몰려 있는 것보다 여러 곳에 고르게 배치되어야 더 예쁜 꽃다발로 완성할 수 있어요. 꽃과 소재의 높낮이도 일정한 것보다 리듬감 있게 배치해주는 것이 자연스러워요.

- 다발을 만드는 중간중간에 다발의 정면을 확인하면서 위치와 높이를 조절해주세요. 스파이럴 기법으로 꽃다발을 만들면 꽃을 빼고 다시 넣기 쉬워 위치와 높이를 다시 배치하기 좋아요.

03
가을을 닮은
들꽃 한 묶음

Season
가을

들꽃을 꺾어다 만든 듯 자유분방한 스타일의 핸드타이드예요. 라플로르에서는 주로 화형이 큰 꽃들을 꼭 한두 가지 섞는데 이번에 만드는 핸드타이드는 가벼운 종류의 꽃들로만 모아보았어요.

Materials

핑크뮬리	10줄기
유칼립투스	8줄기
세이지	8줄기
화이트 옥시펜탈리움	3줄기
다알리아	1단
조	2대
초롱 클레마티스	7줄기

Tools

꽃가위, 바인딩와이어

How To Make :   Hand-Tied Flower

● 스파이럴 기법과
바인딩 포인트
28p

1. 준비한 세이지를 꽃의 방향이 서로 다르게 향하도록 스파이럴 기법으로 잡아줍니다.
2. 세이지 사이사이에 다알리아를 채워줍니다.
3. 초롱 클레마티스는 잎을 최대한 살려 길게 표현해주세요. 핸드타이드의 아래 방향으로 꽃이 늘어져도 멋스러워 좋답니다.
4. 핑크뮬리를 꽃들 사이로 스파이럴 방향에 맞춰 다른 꽃들에 걸리지 않도록 조심히 아래로 당겨 넣어줍니다.

How To Make :

5

6

5. 화이트 옥시펜탈리움을 빈 공간에 채워줍니다.
6. 아래로 많이 늘어진 초롱 클레마티스가 있다면 다알리아나 유칼립투스로 클레마티스를 지지해주듯이 넣어줍니다.
7. 위에서 꽃다발을 본 모습입니다. 전체적으로 비어 있는 공간이 없도록 촘촘하게 꽃이 들어가도록 완성해나갑니다.
8. 유칼립투스와 조를 꽂아 핸드타이드를 마무리합니다.

7

8

9. 핸드타이드를 수평으로 눕혀 잡은 후 줄기를 수직 방향으로 일자가 되도록 잘라줍니다.
10. 일자로 깔끔하게 잘린 모습입니다.
11. 핸드타이드가 완성된 모습입니다.
12. 사선 컷팅이 필요한 경우 줄기를 하나씩 잡고 45도 각도로 잘라 완성합니다.

04
사랑의 꽃말을 담은
리시안셔스 50송이

Season
봄

꽃말이 좋은 꽃을 물어보시는 손님들께 추천하는 꽃이 있다면 모든 플로리스트들이 공감하는 꽃 두 가지가 있어요. 하나는 메리골드이고 다른 하나는 이번에 사용할 리시안셔스예요. 변치 않는 사랑을 의미하는 리시안셔스는 연인에게 줄 꽃을 찾는 분들에게 자주 추천하는 꽃이에요. 다른 재료 없이 리시안셔스 50송이로만 다발을 만들고 라플로르만의 시그니처 포장법으로 완성해볼게요.

화이트 리시안셔스

피치 리시안셔스

Materials

| 화이트 리시안셔스 | 2단 |
| 피치 리시안셔스 | 2단 |

Tools

꽃가위, 마끈, 습지, 포장지

How To Make : Hand-Tied Flower

1. 리시안셔스의 불필요한 잎을 제거합니다.
2. 한 가지에 달린 리시안셔스끼리 높이 차이가 많이 나는 경우에는 짧은 위치의 꽃을 제거한 후 다듬어줍니다.
3. 꽃의 가장 윗부분에서 한 뼘 반 정도 아래 위치를 바인딩 포인트로 잡고 꽃다발을 잡기 시작합니다.
4. 화이트와 피치색이 골고루 섞이도록 리시안셔스를 잘 섞어 잡아줍니다.

스파이럴 기법과
바인딩 포인트
28p

How To Make :

5. 너무 아래로 빠진 꽃들은 중간중간 높이를 확인해가며 수정해줍니다.
6. 마끈으로 다발을 묶어줍니다. 리시안셔스는 줄기가 얇은 편이므로 바인딩할 때 힘 조절에 주의해야 합니다.
7. 바인딩 포인트 선에 맞추어 핸드타이드 앞쪽에 주름잡은 습지를 덧대어줍니다.
8. 굵은 망사 포장지를 꽃다발의 가로 사이즈보다 양옆 10cm 정도씩 여유 있게 잘라 두 장을 준비합니다.

9. 꽃다발을 사선으로 둔 상태로 망사 포장지를 말아가며 잡아줍니다.

10. 망사 포장지 양옆을 말아 잡아준 모습입니다.

11. 남은 망사 포장지 한 장을 동일한 방식으로 다시 덧대어 볼륨 있게 만들어줍니다.

12. 망사 포장지를 꽃다발 너비 정도로 한 장 더 잘라 꽃 정면에 덧대어줍니다.

How To Make :

포장지,
리본 활용법
251p

13

14

13. 핸드타이드 색감, 포장지의 질감과 색상과 잘 어울리는 리본으로 묶어 마무리합니다.
14. 완성된 모습입니다.

LA FLOR **Lesson**
- 큰 사이즈의 다발일수록 바인딩 포인트를 아래로 잡아야 안정감 있고 풍성하게 완성할 수 있어요.
- 포장에 사용한 망사 포장지는 거친 질감이기 때문에 꽃에 상처를 낼 수 있으니 주의하면서 작업해 주세요. 상처가 나기 쉬운 약한 꽃을 포장할 때는 좀 더 부드러운 포장지를 사용하는 것을 추천해요.

Hand-Tied Flower

Class 01 : Hand-Tied Flower

05
파스텔 톤으로 완성하는
수국 꽃다발

Season
여름

수국으로 꽃다발을 만들어본 분들이라면 덩이가 큰 수국으로 꽃다발을 완성하는 것이 생각보다 쉽지 않다는 것을 느끼셨을 거예요 이번에는 여름에 쉽게 구할 수 있는 파란 수국을 메인으로 한 파스텔 톤의 꽃다발을 만들어볼게요. 쉽고 완성도 높은 수국 꽃다발을 만들 수 있는 방법을 알려드릴게요.

Materials

수국	1대
맨스필드파크 장미	3대
아스그레피아스	3줄기
아스틸베	3줄기
대국도	3줄기
유칼립투스	5줄기
디디스커스	3줄기

Tools

꽃가위, 가시제거기, 스테이플러, 투명테이프, 마끈

How To Make :   Hand-Tied Flower

1. 대국도는 앞뒤로 깨끗하게 이물질과 먼지를 제거하고 윗부분이 볼록하도록 접어줍니다.
2. 접힌 부분을 스테이플러로 고정시켜줍니다.
3. 대국도 안쪽 스테이플러가 튀어나온 부분을 투명테이프로 붙여줍니다.
4. 수국을 중심으로 잡고 왼쪽 상단(❶)과 오른쪽 하단(❷)에 아스그레피아스를 잡아줍니다.

스파이럴 기법과
바인딩 포인트
28p

How To Make :

5. 디디스커스 줄기를 수국 꽃 사이로 넣어줍니다.
6. 수국 꽃 사이로 꽃을 넣을 때는 스파이럴 방향과 맞는지 확인하면서 넣어줍니다.
7. 수국을 기준으로 왼쪽에 나머지 꽃들을 배치해줍니다.
8. 꽃들 사이에 접은 대극도를 넣어 볼륨을 살려줍니다.

9. 맨스필드파크 장미 2대는 수국과 비슷한 높이로, 나머지 꽃과 소재는 수국보다 조금 더 높은 위치에 배치한 후 마끈으로 묶어 마무리합니다.

10. 완성된 수국 꽃다발을 위에서 본 모습입니다.

LA FLOR Lesson

- 볼륨을 살려 스테이플러로 고정시킨 대국도와 같은 소재는 꽃다발의 볼륨과 부피를 증가시킬 때 활용하면 좋아요.
- 대국도를 스테이플러로 고정할 때는 잎이 찢어지거나 상하지 않도록 주의하세요.

Class 01 : Hand-Tied Flower

06
장미가 돋보이는
심플한 다발

Season
가을

요즘 시장에는 계속해서 신종 장미들이 나오고 있는데 그 중에서도 마음에 쏙 드는 예쁜 장미를 찾았어요. 크고 탐스러운 장미 한 가지로만 만드는 로맨틱한 꽃다발을 연출해볼게요.

Materials

플로이드 장미	12송이
황칠나무	3줄기
오이초	3줄기

Tools

꽃가위, 가시제거기, 마끈

How To Make : Hand-Tied Flower

1. 플로이드 장미 세 송이를 삼각형 모양으로 잡습니다.
2. 별다른 소재를 넣지 않고 꽃다발을 만들 때는 장미 잎 자체를 소재처럼 사용할 수 있도록 잎사귀를 과하게 다듬지 않는 것이 좋습니다.
3. 스파이럴 기법으로 다발을 만들기 시작합니다. 장미 간 간격이 너무 좁으면 황칠나무 같은 단단한 소재를 사용해 꽃 사이사이에 한 번씩 끼워줍니다.
4. 플로이드 장미는 꽃마다 높낮이가 다르게 잡아주는 것이 중요합니다.

스파이럴 기법과
바인딩 포인트
28p

How To Make :

5. 높낮이가 모두 다르게 플로이드 장미를 계속 추가하며 다발을 만들어줍니다.
6. 황칠나무 두 줄기를 장미 옆쪽으로 한 번 더 끼워준 후 남은 장미들을 계속 추가하며 진행합니다.
7. 지금 당장은 높낮이가 마음에 들지 않더라도 중간에 다발을 풀지 않고 계속 잡아나갑니다.
8. 황칠나무와 플로이드 장미를 모두 잡은 후 완벽하게 높낮이가 다르게 잡아주어야 예쁘게 완성됩니다.

9. 계절 소재인 오이초로 포인트를 줍니다.

10. 완성된 모습입니다.

07
두 가지 장미로 만드는
근사한 꽃다발

Season
여름

많은 종류의 꽃이 없이도 만들 수 있는 꽃다발을 소개할게요. 비슷한 톤의 장미 두 가지와 곁들일 소재 한두 가지면 충분해요. 적은 종류로 꽃다발을 만들 때에는 같은 과의 꽃을 고르거나 비슷한 톤의 컬러로 꽃을 고르면 어렵게 배색하지 않고도 실패 없이 쉽게 꽃다발을 완성할 수 있어요.

스마일락스

캐리 장미

레몬트리

쇼콜라 장미

Materials

쇼콜라 장미	7대
캐리 장미	13대
레몬트리	5줄기
스마일락스	1줄기

Tools

꽃가위, 가시제거기,
바인딩와이어, 습지, 포장지, 마끈

How To Make : Hand-Tied Flower

스파이럴 기법과
바인딩 포인트
28p

1. 준비한 꽃들은 줄기와 가시를 다듬고 스파이럴 기법으로 꽃들의 높낮이가 다르게 다발을 만들기 시작합니다.
2. 꽃 사이사이에 레몬트리를 끼워줍니다.
3. 작은 캐리 장미를 큰 쇼콜라 장미 사이사이에 두세 개씩 끼워 넣어줍니다.
4. 쇼콜라 장미, 캐리 장미, 레몬트리로 꽃다발이 완성된 모습입니다.

How To Make :

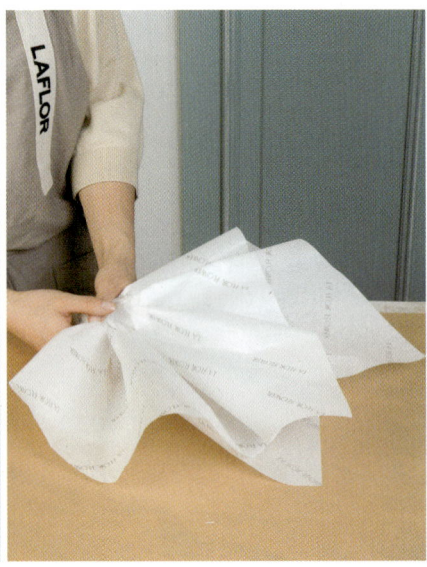

5. 꽃다발을 마끈으로 고정한 후 줄기 끝의 길이가 일정하게 잘라줍니다.
6. 얇은 습지를 비스듬하게 반 접어 부채 모양으로 모아줍니다.
7. 꽃다발의 앞면을 감쌀 수 있도록 습지를 바인딩할 위치에 맞춰 바인딩와이어로 고정시켜줍니다.
8. 가로는 꽃다발 길이 2배 정도로, 세로는 꽃다발 길이 정도로 포장지 두 장을 재단합니다.

9. 포장지 두 장 중 한 장은 비스듬하게 반을 접어 그 위에 꽃다발을 올려줍니다.
10. 포장지 밖에서 안쪽으로 한 쪽씩 볼륨 있게 접고 바인딩와이어로 고정합니다.
11. 남은 포장지 상단 중앙에 맞춰 꽃다발을 올려놓고 포장지 양 끝을 둥글게 말아줍니다.
12. 포장지 양 끝을 동시에 꽃다발 바인딩 위치로 모아줍니다.

How To Make :

13. 위치가 잘 맞춰졌는지 확인하고 바인딩와이어로 묶어줍니다.
14. 스마일락스에 감긴 실을 제거해줍니다.
15. 꽃다발에 잘 묶이도록 스마일락스 줄기에 바인딩와이어를 돌려 감은 후 적당한 길이로 잘라줍니다. 꽃다발을 고정시킨 바인딩와이어 부분을 스마일락스로 감싸줍니다.
16. 리본 대신 스마일락스로 다발을 묶어 완성한 모습입니다.

Hand-Tied Flower

LA FLOR **Lesson**

- 꽃다발과 어울리는 리본으로 묶어줄 수도 있지만 길이가 긴 줄기 소재를 이용해 다발을 묶어주면 리본보다 내추럴하면서도 생기 있는 연출을 할 수 있어요. 이때 줄기 소재에 바인딩와이어를 돌려 감아주면 원하는 모양으로 고정하기 쉬워 포장을 더 쉽게 할 수 있어요.
- 꽃다발을 싱싱한 상태로 더 오래 유지하려면 다발 줄기에 물주머니를 달아주거나 플로럴폼을 꽂아 주세요.

08
겨울철 인기 디자인
튤립 꽃다발

Season
겨울

한 가지 꽃으로만 꽃다발을 만들 때 까다로운 꽃이 바로 튤립이에요. 줄기가 매끄럽지 않다보니 중간 중간 높낮이 수정이 어렵고 자칫 잘못하면 줄기가 부러져버리기도 쉬우며 온도에 민감해 잡고 있다 보면 금방 꽃이 피어버리곤 하기 때문이에요. 높낮이와 방향을 자유롭게 잡아주는 방법으로 쉽게 배워볼게요.

레몬잎　　　튤립　　　겹설유화

Materials

튤립	10송이
겹설유화	6줄기
레몬잎	3줄기

Tools

꽃가위, 바인딩와이어

How To Make :   Hand-Tied Flower

스파이럴 기법과
바인딩 포인트
28p

1

2

1. 튤립은 가장 위에 달린 잎 한두 장만 남기고 다듬은 후 두 송이를 교차하여 잡아줍니다.
2. 스파이럴 기법으로 튤립이 각각 다른 방향을 향하도록 잡아줍니다. 이때 꽃들이 모두 여유 있게
   떨어질 수 있도록 바인딩 포인트를 살짝 아래로 잡아줍니다.
3. 5~6송이의 튤립으로 바인딩 포인트를 잡았다면 스파이럴 방향에 맞춰 튤립 사이사이에 설유화를 끼워줍니다.
4. 튤립의 잎을 자연스럽게 뒤집어주어도 좋습니다.

3

4

How To Make :

5. 계속해서 스파이럴 방향에 맞게 튤립을 채워줍니다.
6. 튤립 줄기를 지그시 휘어주면서 자연스럽게 라인을 살려주세요. 단, 완성 후 튤립을 물에 꽂으면 휘어진 줄기가 다시 곧게 펴질 수 있습니다.
7. 레몬잎을 튤립 다발 가장자리에 낮게 덧대 튤립이 불필요할 정도로 많이 처지는 것을 보완해줍니다.
8. 꽃다발을 다 잡은 후 마지막으로 튤립 줄기를 원하는 방향으로 조금씩 더 휘어 완성합니다.

Hand-Tied Flower

09
겨울의 화사한 색감을 담은
꽃다발

Season
겨울

겨울에 나오는 꽃을 모아 만든 꽃다발이에요. 화사한 색감의 꽃다발은 색감부터가 싫어하는 분이 없는 만능 조합 다발이죠. 미모사와 스위트피까지 담아 향기를 더하고 꽃의 색감과 잘 어울리는 포장지를 골라 완성해볼게요.

Materials

카라	3대
스위트피	4대
샤먼트 장미	2대
거베라	3대
왁스플라워	3대
베로니카	2대
에리카	1대
미모사	2대
유니폴라	3대
이반호프	1줄기

Tools

꽃가위, 가시제거기, 바인딩와이어, 습지, 포장지, 리본

How To Make : Hand-Tied Flower

스파이럴 기법과
바인딩 포인트
28p

1. 모든 꽃은 꽃다발로 만들어질 크기에 맞춰 줄기를 정리해줍니다.
2. 미모사, 카라, 스위트피를 각각 다른 높이로 잡아 스파이럴 기법으로 다발을 만들어나갑니다.
3. 거베라, 에리카, 샤먼트 장미도 스파이럴 기법으로 채워나갑니다.
4. 유니폴라, 이반호프, 베로니카, 왁스플라워를 카라와 샤먼트 장미 옆쪽으로 높이감 있게 꽂아줍니다.

How To Make :

5

6

5. 남은 꽃도 빈 곳에 채워줍니다.
6. 위에서 본 모습입니다.
7. 꽃의 색감과 잘 어울리는 포장으로 완성한 모습입니다. 보통 포장 컬러는 기본 화이트 포장지를 사용하고 리본 컬러를 메인 꽃들과 비슷하게 맞추면 어색하지 않은 포장 색으로 구성할 수 있습니다.

꽃다발 포장법
248p

7

Hand-Tied Flower

LA FLOR **Lesson**
- 이반호프와 같이 긴 줄기는 적당한 길이에서 자르면 두 줄기로 나누어 쓸 수 있어요.
- 초보자일수록 꽃의 높낮이나 배열이 마음에 들지 않는다고 해서 중간에 꽃을 모두 푸르고 다시 시작하는 것은 추천하지 않아요. 잡고 푸르기를 반복하다보면 꽃이 금방 상하기 때문이에요. 이런 경우에는 꽃을 잡고 있는 상태에서 부분적으로 위치나 높이를 수정해주는 것이 좋아요.

Flower Vase

Class 02 :

01. 낮은 화기에 꽂는 화병 속 정원
02. 포트 식물을 활용한 여름 화병 꽂이
03. 테이프를 활용한 화병 꽂이
04. 자연줄기를 활용한 화병 꽂이
05. 과일도 꽃처럼, 라운드 센터피스
06. 파티 테이블에 어울리는 테이블 센터피스
07. 나무껍질을 감싼 커버드 센터피스

Class 02 : Flower Vase

01
낮은 화기에 꽂는
화병 속 정원

Season
가을

입구가 좁고 긴 화병 꽂이가 어려운 분들에게 쉬운 방법으로 완성할 수 있는 낮은 화병 꽂이를 소개할게요. 처음 꽃을 시작할 때 화병 꽂이가 가장 어렵다고 느꼈던 저의 경험을 바탕으로 만든 작품이니 쉽게 따라하실 수 있을 거예요.

겹설유화

수국

백일홍

캄파넬라 장미

백일홍

코스모스

니겔라

천리향

핑크 튤립

Materials

핑크 튤립	5송이
캄파넬라 장미	4송이
백일홍	8줄기
코스모스	3줄기
니겔라	5줄기
겹설유화	5줄기
천리향	3대

Tools

꽃가위, 가시제거기,
투명테이프, 치킨와이어,
낮은 화병

How To Make : Flower Vase

1. 치킨와이어를 화병의 넓이보다 3cm 정도 길게 잘라 2~3겹으로 겹친 후 날카로운 끝을 접어 정리합니다.
2. 치킨와이어를 화병에 고정시킬 투명테이프를 준비합니다.
3. 화병과 잘 고정시키기 위해 치킨와이어 사이로 테이프를 통과시켜줍니다.
4. 테이프의 접착력을 위해 화병과 손에 물기를 제거한 후 테이프를 화병에 고정시켜줍니다.

How To Make :

5

6

5. 치킨와이어를 화병에 고정시킨 모습입니다.
6. 화병에 물을 채워준 후 천리향을 화병에 꽂았을 때 잎사귀만 얹어질 정도로 잘라 화병에 골고루 꽂아줍니다.
7. 천리향을 모두 꽂은 후 위에서 내려다본 모습입니다.
8. 캄파넬라 장미를 천리향과 비슷한 높이로 고르게 꽂아줍니다. 전체적인 꽃의 형태는 가운데가 낮고
   옆으로는 길이감이 있는 형태가 되도록 꽂아줍니다.

7

8

9. 백일홍도 같은 방법으로 꽂아 전체적으로 화병 안에 빈 곳이 없도록 골고루 넣어줍니다.
10. 위에서 내려다본 모습입니다.
11. 튤립은 화병 밖으로 선의 흐름이 보이도록 자유롭게 꽂아줍니다.
12. 코스모스는 화병 밖으로 흘러내리게 꽂거나 위로 솟아보이게 꽂아줍니다.

How To Make :

13. 겹설유화 다섯 줄기를 길게 꽂아 리듬감을 표현합니다.
14. 완성된 모습입니다.

LA FLOR Lesson

- 겹설유화를 꽂을 때는 치킨와이어 사이로 비스듬하고 깊게 꽂아주세요. 화병의 바닥에 줄기가 꼭 닿아야 하는 것은 아니에요. 줄기가 물 속에 잠길 정도면 충분해요.

Class 02 : Flower Vase

02
포트 식물을 활용한
여름 화병 꽂이

Season
여름

화이트 톤과 그린 톤의 색감을 이용한 시원한 느낌의 여름 화병 꽂이예요. 여기에서는 안스리움 포트 식물과 치킨와이어를 활용하는 방법을 알려드릴게요. 안스리움 꽃대도 꽃시장에서 쉽게 구할 수 있지만 포트 식물을 사용하면 포트 식물 꽃대 주변의 곁가지까지 활용할 수 있어 추가 소재를 많이 구입하지 않아도 충분히 볼륨 있게 연출할 수 있는 장점이 있어요. 또한 플로럴폼 대신 치킨와이어를 사용하고 물을 잘 갈아주면 플로럴폼을 사용했을 때보다 싱싱한 상태로 훨씬 더 오래 유지할 수 있어요.

Materials

클레마티스	5줄기	오니소갈룸	2대
클레마티스와이어	3줄기	홉	2줄기
도라지	1줄기	브로디에	2줄기
질경이	3대	연꽃	2대
유니폴라	2줄기	아스그레피어스	1대
안스리움	1포트		

Tools

꽃가위, 치킨와이어, 화병

How To Make : Flower Vase

1. 치킨와이어를 화병 내부의 크기에 맞춰 잘라줍니다.
2. 화병 안에 들어갈 수 있도록 치킨와이어의 모서리를 접어줍니다.
3. 치킨와이어를 화병에 넣고 내부에 빈틈이 생기지 않도록 와이어를 펼쳐줍니다.
4. 연꽃의 겉 꽃잎을 찢어지지 않게 주의하며 서너 장 뒤집어 볼륨 있게 연출해줍니다.

How To Make :

5   6

5. 안스리움의 잔뿌리를 깔끔하게 제거합니다.
6. 안스리움의 잔뿌리가 제거된 모습입니다. 안스리움을 치킨와이어에 잘 맞춰 꽂아줍니다.
7. 화병 꽂이를 할 때는 화병 밖 원하는 위치에서 대어본 후 길이에 맞게 잘라 꽂아줍니다.
8. 클레마티스와 연꽃은 화병 밖으로 퍼지도록 길게 꽂아줍니다.

7   8

9. 오니소갈룸은 클레마티스와 연꽃 사이 빈 공간을 채우는 느낌으로 꽂아줍니다.

10. 브로디에와 유니폴라를 바깥 방향을 보게 꽂아줍니다.

11. 질경이, 아스그레피어스, 클레마티스와이어, 도라지를 화병이 비어 보이지 않도록 꽂아준 후 홉을 이용해 늘어지는 느낌을 연출해 완성합니다.

How To Make :

플로리스트의 다양한 소재 홉(학명: Humulus lupulus)

요즘은 꽃시장에서 꽃꽂이 재료로 다양한 식물들이 판매되고 있는데 홉도 그 중 한 가지예요. 홉은 길이가 길게 자라는 덩굴식물로 맥주의 원료로 더 많이 알려져 있어요. 이번 화병 꽃이에서도 연출했듯 긴 줄기를 이용해 흘러내리는 느낌을 주기 좋아요. 또한 예쁘게 마르는 열매 소재가 많지 않은 여름에 특히 사용하기에 좋고 말랐을 때에도 연한 주황빛으로 예쁘게 색이 바래 소재로 사용하기 좋을 뿐 아니라 여름 드라이 리스 재료로도, 천장이나 벽면에 걸어주는 장식용으로도 근사하게 연출할 수 있어요.

▼
LA FLOR Lesson
- 치킨와이어 끝이 날카로워 다칠 수 있으니 초보자는 장갑을 끼고 작업하는 것을 추천해요.
- 치킨와이어를 화병 내부에 넣고 펼칠 때는 나무젓가락이나 쓰고 남은 식물의 단단한 줄기를 이용하면 치킨와이어를 쉽게 펼칠 수 있어요.

Class 02 : Flower Vase

03
테이프를 활용한
화병 꽂이

Season
겨울

적은 양의 꽃으로 최대한 풍성하고 안정적이게 꽂을 수 있는 테이프 활용법을 알려드릴게요. 어떤 화기에도 적용할 수 있으니 꽃을 선물 받은 날 도전해보세요.

Materials

레드 튤립	7송이
자몽 튤립	3송이
데이토나 튤립	4송이
모카라	3대
낙엽송	6대
더글라스	6대
단풍잎	3줄기
하늘하늘한 붉은 소재	3줄기

Tools

꽃가위, 꽃칼, 지철사(27호), 플로럴테이프, 높은 화병

How To Make : Flower Vase

1. 화병 입구를 플로럴테이프를 사용해 사진처럼 격자 모양으로 붙입니다.
2. 튤립은 불필요한 잎을 떼어내고 굴곡이 없도록 꽃칼로 줄기를 다듬어 준비합니다.
3. 꽂고 싶은 위치를 생각하며 화병 밖에서 대어보고 길이에 맞춰 줄기를 잘라줍니다.
4. 튤립의 휘어진 방향을 골고루 살려 화병에 꽂아줍니다.

How To Make :

5. 더글라스를 잘라 줄기를 정리해줍니다.
6. 줄기가 반드시 화병 바닥까지 닿아야 하는 것은 아니니 물에만 잠길 수 있도록 꽂아줍니다.
7. 남은 튤립도 풍성하게 꽂아줍니다.
8. 모카라는 화병 측면에 꽂아줍니다.

9. 낙엽송은 둥글게 구부린 후 27호 지철사로 고정시켜줍니다.

10. 낙엽송과 하늘하늘한 붉은 소재를 화병 군데군데에 꽂아 리듬감을 살려줍니다.

11. 예쁘게 물든 단풍잎을 가장 길게 꽂아 마무리합니다.

LA FLOR Lesson

- 꽃을 꽂는 중간 중간 꽃의 위치를 수정할 때에는 주변 꽃들과 화병에 붙인 플로럴테이프가 떨어지지 않도록 꽃을 빼고 넣어주세요.
- 시장에서 구입한 단풍잎은 시간이 지나면서 잎이 오므라들 수 있어요. 이 또한 자연스러운 모습이니 시들었다고 빼내버리지 말고 자연스러운 느낌 그대로의 멋을 즐겨보세요.

Class 02 : Flower Vase

04
자연줄기를 활용한
화병 꽂이

Season
가을

화병 꽂이를 할 때 꽃들이 잘 고정되지 않아 생각했던 형태로 완성하는 것이 어려운 분들이 계실 거예요. 굵은 자연줄기를 활용하여 쉽게 화병 꽂이를 연출할 수 있는 방법을 알려드릴게요.

Materials

웨스트민스턴 장미	7송이
핑크몬디알 장미	4송이
황칠나무	6줄기
여름라일락	4줄기
쓰리토메인	6줄기
그로티스	9줄기

Tools

꽃가위, 가시제거기, 높은 화병

How To Make :   Flower Vase

1. 준비한 화병에 물을 채우고 황칠나무 줄기에 잔여물이 남아있지 않도록 다듬어줍니다.
2. 화병 사방에 골고루 황칠나무를 채워줍니다.
3. 꽃들이 잘 고정되도록 황칠나무를 촘촘한 간격으로 채운 모습입니다.
4. 이렇게 시장에서 갓 사온 장미는 꽃망울이 크게 피기까지 충분한 시간이 필요하니 필요하다면 하루 이틀 정도 미리 사서 작품에 사용합니다.

How To Make :

5. 사용할 꽃들은 미리 화병 밖에서 줄기를 대어보고 길이를 가늠한 후 잘라줍니다.
6. 황칠나무 사이사이에 꽃을 넣어줍니다. 이때 황칠나무와 이미 꽂은 꽃들이 움직여 모양이 흐트러지지 않도록 주의합니다.
7. 웨스트민스턴 장미, 핑크몬디알 장미를 높낮이가 다르게 화병에 골고루 채워줍니다.
8. 쓰리토메인의 작은 잎들과 불필요한 가지를 다듬어줍니다.

9. 쓰리토메인을 장미보다 3cm 정도 높게 사방으로 꽂아줍니다.
10. 그로티스는 다듬을 지점을 잡고 아래로 쓸어내려 다듬어줍니다.
11. 같은 방법으로 그로티스, 여름라일락을 꽂은 후 마무리합니다.

LA FLOR Lesson

• 웨스트민스턴 장미는 빈티지한 느낌이 매력적인 장미예요. 빈티지한 색감 때문에 간혹 꽃이 시들었다고 생각하시는 분들이 계셔 라플로르에서는 판매용으로는 사용하지 않거나 겉잎을 떼어내고 사용을 하지만 웨스트민스턴 장미의 매력은 이 빈티지함에 있답니다.

05
과일도 꽃처럼,
라운드 센터피스

Season
가을

제철과일이나 야채 등을 꽃과 함께 장식하면 꽃으로만 완성한 화병과는 또 다른 이벤트 작품으로 연출할 수 있어요. 이번 작품에는 레몬과 미니사과를 활용한 센터피스를 만들어볼게요. 와이어링 기법을 이용하면 과일과 야채뿐만 아니라 다양한 식물로도 활용 가능하니 본인만의 스타일을 담은 예쁜 센터피스를 완성해보세요.

Materials

거베라	3송이
레몬	3조각
미니사과	1대
매건 장미	8송이
헬레늄	5줄기
수국	1대
줄맨드라미	3줄기
레몬잎	8개

Tools

꽃가위, 가시제거기, 와이어, 지철사(27호), 플로럴테이프, 플로럴폼, 나뭇가지, 투명한 화병

How To Make : Flower Vase

1. 레몬은 크기에 따라 1/2 또는 1/3 크기로 조각내줍니다. 적당한 두께의 나뭇가지를 레몬 한쪽에 찔러 넣고 가지 양쪽에 와이어를 보강한 후 27호 지철사로 줄기와 와이어를 감싸줍니다.
2. 와이어와 줄기가 보이지 않도록 플로럴테이프로 감아줍니다.
3. 센터피스에 사용할 레몬이 완성된 모습입니다.
4. 화병과 플로럴폼 사이에 레몬잎이 들어갈 적당한 틈이 있도록 플로럴폼을 알맞은 크기로 잘라 넣습니다.

How To Make :

5. 투명한 화병을 사용할 때는 잎이 크고 휘어짐이 좋은 잎 소재들을 사용해 플로럴폼을 가려줍니다. 여기에서는 레몬잎을 사용했습니다.
6. 줄맨드라미를 플로럴폼 가장자리에 꽂아줍니다. 늘어지는 줄기는 화병 밖으로 빼거나 안으로 넣어 자연스럽게 연출해줍니다.
7. 화병 가장자리에 작은 수국 한 덩이를 꽂아줍니다.
8. 높이와 방향을 각각 다르게 해 레몬 조각을 세 군데에 꽂아줍니다. 이때 수국 사이에 레몬 조각을 넣으면 새로운 느낌으로 연출할 수 있습니다.

9. 높이와 방향이 다르게, 수국 사이에 레몬 조각을 넣은 모습입니다.
10. 거베라와 매건 장미도 사이에 채워줍니다.
11. 헬레늄을 거베라와 레몬 사이에 넣어 포인드를 줍니다. 평소라면 헬레늄을 길게 사용했겠지만 레몬에 시선이 더 갈 수 있도록 짧게 꽂아주었습니다.
12. 미니사과도 레몬과 같은 방법으로 와이어링한 후 꽂아 완성합니다.

Class 02 : Flower Vase

06
파티 테이블에 어울리는
테이블 센터피스

Season
겨울

라플로르의 수업 커리큘럼에도 포함되고 아기 돌상이나 백일상, 소규모 웨딩 장식으로도 많이 주문하시는 센터피스예요. 낮고 길어서 롱앤로우 센터피스라고도 불리지요. 사방이 트인 테이블에 둘 때는 어느 각도에서 보아도 예쁘게 완성되도록 하고 벽면에 둘 때는 뒷부분을 제외한 정면과 측면을 중점적으로 채워 완성해주세요.

Materials

펑키오렌지 장미	3대
라벤더레이스 장미	8송이
실거베라	5대
다알리아	8대
클레마티스	8대
담쟁이	1단
구름비	5대

Tools

꽃가위, 가시제거기, 플로럴폼, 플라스틱 판

How To Make : Flower Vase

1. 담쟁이 열매를 센터피스 양옆에 플로럴폼 가로 길이의 절반 정도가 되도록 길게 꽂아주어 완성될 센터피스의 사이즈를 대략적으로 잡아줍니다.
2. 플로럴폼을 올린 플라스틱 판이 어느 정도 가려지도록 담쟁이 열매를 비스듬하게 꽂아주고 센터피스 전체를 골고루 채워줍니다.
3. 다알리아를 양쪽으로 길게 꽂아줍니다.
4. 펑키오렌지 장미는 장미 안쪽의 예쁜 색상도 보일 수 있도록 겉잎을 조심스럽게 뒤집어 준비합니다.

How To Make :

5. 겉잎을 뒤집은 펑키오렌지 장미를 앞, 중간, 뒤에 하나씩 꽂아줍니다.
6. 남은 실거베라, 다알리아를 꽂아주되 얼굴이 큰 꽃들끼리 답답한 느낌이 들지 않도록 위치와 높이를
   잘 조절해가며 꽂아줍니다.
7. 동그랗고 작은 몽오리를 가진 라벤더레이스 장미는 지금까지의 꽃들보다 짧게 꽂아 플로럴폼을 가리듯 꽂아줍니다.
8. 구름비나무의 끝 쪽 작은 가지를 골라 라벤더레이스 장미와 같은 방법으로 넣어줍니다.

9. 꽃잎이 얇고 줄기가 가는 클레마티스는 가장 마지막에 꽂아 꽃이 상하는 것을 최소화해줍니다.

10. 클레마티스는 사방으로 꽂지 않고 양쪽에 몰아서 높낮이를 다르게 꽂아 포인트를 줍니다.

11. 완성된 모습입니다.

LA FLOR Lesson

- 얼굴이 큰 꽃들로 센터피스를 채울 때는 꽃끼리 너무 몰려있으면 답답한 느낌을 줄 수 있으니 꽃들 사이의 위치와 높낮이를 중간 중간 확인해가며 완성해주세요.
- 클레마티스를 꽂을 때는 불규칙적인 위치로 꽂아주세요.
- 클레마티스는 잎이 얇고 여려 제작 초반에 꽂을 경우 다른 꽃에 의해 상처가 날 수 있기 때문에 마지막 쯤 꽂아주는 것이 좋아요.

[불규칙적인 위치 O]

[규칙적인 위치 X]

Class 02 : Flower Vase

07
나무껍질로 감싼
커버드 센터피스

Season
겨울

차가운 화기 대신 자연 소재로 화기나 플로럴폼을 가려주면 이것 또한 멋진 연출이 될 수 있어요. 나무껍질을 대신해 줄아이비나 큰 잎으로 여러 가지 연출을 할 수 있는 재미있는 센터피스예요.

Materials

미스트	2줄기
옥스포드스카비오사	7대
캄파넬라 장미	2송이
무스카리	8대
빈티지 수국	1대
마트리카리아	4대
냉이초	5대
설유화	12줄기
줄아이비	2줄기
줄리엣 장미	2대
산토리니 장미	2대
서귀	5대

Tools

꽃가위, 가시제거기,
플로럴폼, 나무껍질 화병

How To Make : Flower Vase

1

2

1. 나무껍질을 두른 화기에 플로럴폼을 넣어 준비한 후 붉게 물든 설유화부터 길게 꽂아줍니다.
2. 미스트가 화기 바깥으로 뻗어 나가도록 꽂아줍니다.
3. 캄파넬라 장미, 줄리엣 장미, 산토리니 장미를 미스트 사이로 골고루 넣어줍니다.
4. 수국 한 대를 나눠 꽃들 중간에 꽂아줍니다.

3

4

How To Make :

5

6

5. 무스카리는 화기 길이만큼 길고 높게 돌출시켜줍니다.
6. 무스카리를 꽂을 때는 사방으로 한 대씩 꽂아주지 않고 두 대씩 모아주어도 좋습니다.
7. 비어있는 작은 공간에 산토리니 장미 몽오리를 채워줍니다.
8. 옥스포드스카비오사, 냉이초, 마트리카리아를 이미 꽂힌 다른 꽃 위로 레이어드하듯 꽂아줍니다.

7

8

9. 꽃 사이사이에 줄아이비, 서귀, 남은 설유화로 자연스러운 잎처리를 해주어 마무리합니다.
10. 완성된 모습입니다.

LA FLOR Lesson

- 나무껍질이 둘러진 화기는 기성제품으로 쉽게 구입할 수 있어요. 나무껍질과 같이 화기를 감쌀 수 있는 재료가 있다면 플로럴폼을 물이 흐르지 않게 OPP로 감싼 후 재료를 둘러주어도 쉽게 만들 수 있어요.

Flower Box & Basket

Class 03 :

01. 수국으로 만드는 오픈형 플라워박스
02. 상자에서 피어나는 꽃
03. 히아신스 향기를 가득 머금은 꽃바구니
04. 소재를 가득 담은 들꽃 바구니
05. 한 가지 톤으로 와인을 돋보이게 하는 와인바구니
06. 라플로르 인기 색감 오렌지블루 틴 바스켓
07. 10분 만에 완성하는 과일바구니

01
수국으로 만드는
오픈형 플라워박스

Season
여름

수국은 색과 모양이 다양해 많은 분들께 사랑받는 꽃이에요. 부피감이 큰 수국을 이용하면 적은 종류의 꽃으로도 근사한 플라워박스를 완성할 수 있답니다. 만드는 법이 간단해 꽃을 처음 시작하는 초보자도 쉽게 따라 할 수 있어요.

Materials

수국	1/2대
아스트란시아	3줄기
디디스커스	5줄기
오디 열매	1줄기
오렌지모카라	1줄기
공작초	1줄기
피토스	2대
보르칸테 장미	3대
아게라덤	2줄기

Tools

꽃가위, 가시제거기, 지철사(18호), 플로럴폼, 플라워박스, OPP, 리본

How To Make :   Flower Box & Basket

1. 박스 안에 OPP를 깔아준 후 물에 적신 플로럴폼을 3cm 높이로 박스 크기에 맞게 잘라 넣어줍니다.
2. 수국 한 송이를 갈라진 줄기 별로 나누어줍니다.
3. 나누어진 수국 중 비슷한 크기 세 덩어리를 골라 삼각형 모양으로 플라워박스에 수직으로 꽂아줍니다.
4. 피토스를 플라워박스의 높이와 같거나 살짝 높은 상태로 골고루 채워줍니다.

How To Make :

5

6

5. 보르칸테 장미를 플라워박스의 높이보다 짧게 잘라줍니다.
6. 보르칸테 장미 세 송이를 수국이 없는 빈 공간에 삼각형 모양으로 살짝 눕혀 꽂아줍니다.
7. 지철사(18호)를 플라워박스 높이보다 높게 잘라 박스 안쪽 양 모서리에 꽂아줍니다.
8. 플라워박스 덮개가 가장 예쁘게 열리는 각도에 맞게 지철사를 잘라 고정한 모습입니다.

7

8

9. 플라워박스 중간중간에 오렌지모카라와 오디 열매로 포인트를 주고 나머지 꽃들로 박스의 공간을 채워줍니다.

10. 박스 뚜껑을 닫았을 때 양옆으로 자연스럽게 튀어나오는 꽃들이 있도록 길게 꽂아주면 훨씬 자연스럽고 입체감이 있는 플라워박스가 완성됩니다.

LA FLOR Lesson

- 수국을 소분해 작은 덩어리로 플로럴폼에 꽂을 때 줄기가 꺾인 상태로 꽂히지 않도록 주의하세요. 유난히 빨리 시드는 수국 덩이가 있다면 만드는 과정에서 줄기가 상했을 확률이 커요.
- 지철사를 꽂아 플라워박스 덮개를 고정시킬 때는 지철사를 조금씩 잘라 덮개를 덮어보면서 덮개가 가장 예쁜 각도로 열리는 높이에 맞게 조절하세요.

02
상자에 피어나는
꽃

Season
가을

화기에 모든 꽃이 노출되는 디자인이 아닌 상자 속에서 꽃이 피어나는 듯한 형태의 센터피스를 만들어볼 게요. 상자 위로 덮은 뚜껑이 잘 고정되도록 해주는 것과 열려있는 공간에 밸런스가 잘 맞도록 꽃을 꽂아주는 것이 포인트예요.

Materials

사만다 장미	5송이
레몬트리	3줄기
맥문동	1/2단
후록스	7줄기
홑스토크	2대
겹스토크	3대
라이스플라워	3줄기
유칼립투스	1대

Tools

꽃가위, 가시제거기, 나뭇가지, 플로럴폼, 플라워박스, 리본

How To Make : Flower Box & Basket

1. 뚜껑이 있는 상자를 준비합니다. 상자의 크기에 맞게 플로럴폼을 잘라 물에 적신 후 OPP를 깔고 플로럴폼을 넣어줍니다.
2. 상자 뚜껑이 열린 상태로 고정될 수 있도록 상자 양쪽에 나뭇가지를 꽂아줍니다.
3. 사만다 장미 다섯 송이를 높이와 방향이 각각 다르게 꽂아줍니다.
4. 겹스토크를 사만다 장미보다 짧게 꽂아줍니다.

How To Make :

5. 상자를 뒤로 돌려보았을 때 뚜껑 밖으로 꽃이 뻗어 나온 높이가 일정하도록 만들어줍니다.
6. 레몬트리를 사만다 장미와 비슷한 길이로 잘라 꽃들 사이를 채워줍니다.
7. 후록스와 홑스토크를 상자의 비어있는 부분에 꽂아줍니다.
8. 라이스플라워는 꽂기 쉽게 줄기를 깔끔하게 다듬어줍니다.

9. 다음은 라이스플라워는 다른 꽃들보다 길이가 좀 더 길게 꽂아줍니다.

10. 길이가 길고 라인감이 있는 맥문동, 유칼립투스는 상자 밖으로 많이 뻗어 나오도록 선의 방향을 살려 마무리합니다.

11. 박스와 어울리는 리본을 묶어 완성한 모습입니다.

Class 03 : Flower Box & Basket

03
히아신스 향기를 가득 머금은
꽃바구니

Season
여름

꽃을 종류별로 그룹을 지어 만드는 '그룹핑 방식' 여름 꽃바구니예요. 같은 종류의 꽃을 그룹지어 꽂아주면 단정하고 정돈된 효과를 줄 수 있어요. 예쁜 라탄 바구니를 골라 블루베리도 담고 향기가 짙은 히아신스도 담아 여름 향기 가득한 바구니를 만들어보세요.

Materials

다알리아	5대
탑기어 장미	5대
오크잎	3대
피토스	3줄기
히아신스	3대
블루베리	2줄기
아스트란시아	3줄기
유니폴라	3줄기

Tools

꽃가위, 가시제거기, 플로럴폼, OPP, 바구니

1. 사용할 바구니의 크기에 맞춰 물에 적신 플로럴폼을 잘라 OPP로 감싸 바구니에 넣어줍니다.
2. 오크잎을 바구니 손잡이보다 낮게, 바구니 안과 밖에서 골고루 꽂아줍니다.
3. 다알리아 다섯 송이 중 세 송이는 우측에, 두 송이는 좌측에 꽂아줍니다. 다알리아의 얼굴 방향과 높이를 조금씩 다르게 꽂아줍니다.
4. 탑기어 장미 다섯 송이를 다알리아의 사이사이에 꽂아줍니다. 이때 바구니 속 꽃들이 서로 다닥다닥 붙지 않도록 꽂아줍니다.

How To Make :

5. 히아신스와 블루베리로 바구니 속 빈 공간을 채워줍니다. 이때 높낮이와 꽃는 방향(바구니 안쪽과 바구니 틈 바깥쪽)을 달리해 전체적인 리듬감을 살려줍니다.
6. 피토스, 아스트란시아로 바구니를 더 풍성하게 채워줍니다.
7. 유니폴라를 바구니 가장자리 위치에 길게 꽂아 하늘하늘한 느낌을 살려 완성합니다.

Flower Box & Basket

LA FLOR **Lesson**
- 히아신스는 줄기가 단단하지 않아 부러지기 쉽기 때문에 줄기의 중간 부분이 아닌 아랫부분을 잡고 꾹꾹 눌러주듯 꽂아주세요.

Class 03 : Flower Box & Basket

04
소재를 가득 담은
들꽃 바구니

Season
가을

얼굴이 큼직한 꽃들로 탐스럽게 만드는 바구니도 예쁘지만 들꽃처럼 수수한 꽃들로만 채우는 바구니도 사랑스럽죠. 이번에는 가을의 들꽃들을 모아 바구니를 만들어볼게요. 잔잔한 꽃들로만 구성할 때는 지저분한 느낌이 들지 않도록 완성하는 것이 중요해요.

Materials

엘엔지움	9알
열매 유칼립투스	2줄기
아스타공작	21송이
호랑가시	4줄기
풍선초 꽃대	5줄기
개망초	6줄
황칠나무	3줄기
당근초	2줄기

Tools

꽃가위, 플로럴폼, OPP, 꽃바구니

How To Make : Flower Box & Basket

1. 바구니 안쪽에 OPP를 깔고 플로럴폼을 바구니 크기에 맞춰 잘라 물에 적신 후 바구니에 넣어줍니다.
2. 열매가 달린 황칠나무 잎과 호랑가시는 바구니 바깥쪽까지 뻗어 나오도록 하고 뻗어 나온 방향과 높낮이가 각각 다르게 꽂아줍니다.
3. 풍선초줄기 끝에 달린 꽃과 풍선초 열매를 모두 사용합니다. 하얀 진액이 나오면 티슈로 닦아줍니다.
4. 풍선초 꽃대는 꽃이 잘 보이도록 길게, 열매는 바구니 안쪽으로 짧게 꽂으면서 바구니를 채워줍니다.

How To Make :

5

6

5. 보라색 아스타공작은 꽃송이를 2~3개 모아잡고 바구니 군데군데 넣어줍니다.
6. 엘엔지움을 바구니 바깥과 안쪽 모두 길이가 다르게 꽂아줍니다.
7. 열매 유칼립투스를 꽂아줄 때는 바구니의 대부분 공간이 채워진 상태이므로 다른 꽃들이 움직이지 않도록 최대한 손가락만 이용해 꽂아줍니다.
8. 개망초 꽃이 바구니 바깥으로 흐드러지게 나올 수 있도록 지금까지의 꽃들보다 훨씬 더 길게 꽂아줍니다.

7

8

9. 바구니 손잡이 위로 타고 올라가도록 개망초 꽃을 꽂아주면 훨씬 더 자연스러운 느낌을 낼 수 있습니다.
10. 당근초의 휘어진 줄기 방향을 이리저리 바꿔보면서 어울리는 방향을 찾아 꽂아줍니다.

LA FLOR Lesson

- 황칠나무는 계절 소재로 목공예품이나 가죽 제품을 만들 때, 색을 입히고 표면을 가공할 때 사용하는 전통 공예 재료예요.
- 들꽃과 소재를 활용해 내추럴한 스타일로 완성하기 위해 바구니 모양도 완벽한 타원형이 아닌 자연스러운 형태를 사용해보세요.
- 풍선초 줄기를 잘랐을 때 하얀 진액이 나올 수 있어요. 이때는 티슈로 닦거나 살짝 물에 씻어주어야 진액이 화기에 묻거나 다른 꽃까지 더럽히는 것을 방지할 수 있어요.
- 판매하는 바구니의 경우 일반적으로 리본을 달아 마무리하지만 이번 바구니는 소재의 자연스러움을 살리기 위해 리본 없이 완성했어요.

Class 03 : Flower Box & Basket

05
한 가지 톤으로 와인을 돋보이게 하는
와인바구니

Season
가을

다양한 색감을 섞어 화려하게 만들지 않고 유사색의 장미를 꽂아 바구니 안의 와인이 돋보이게 만들어볼게요. 한 가지 톤으로 완성하는 바구니는 꽃과 제품을 함께 담을 때 제품을 돋보일 수 있도록 하는 좋은 방법이에요.

Materials

맨스필드파크 장미	19송이
코치아	3줄기
라일락	3줄기
레몬트리	5줄기
레몬잎	7줄기
아트누보 장미	8대

Tools

꽃가위, 가시제거기, 플로럴폼, 바인딩와이어, OPP, 나뭇가지, 바구니

How To Make : Flower Box & Basket

1. 바구니 안에 OPP를 깔아준 후 물에 적신 플로럴폼을 넣고 와인병이 들어갈 크기만큼 플로럴폼을 잘라내어 준비합니다. 두꺼운 나뭇가지 2개를 플로럴폼 양쪽 모서리에 놓고 살짝 눌러 고정시켜줍니다.
2. 바인딩와이어를 와인 바구니 가로 사이즈보다 더 넉넉하게 잘라줍니다.
3. 바구니 양옆 홈에 바인딩와이어를 끼우고 타이트하게 고정시켜줍니다. 와인병을 넣을 자리에는 플로럴폼이 비어 있기 때문에 나뭇가지와 바인딩와이어를 이용해 와인병을 안정적으로 고정시키기 위한 과정입니다.
4. 플로럴폼이 빈 자리에 와인병을 넣어줍니다. 와인 라벨이 플로럴폼의 물기로 젖지 않도록 OPP를 작게 잘라줍니다.

How To Make :

5. 다시 와인병을 분리시켜 작게 자른 OPP를 플로럴폼 빈 공간에 넣고 OPP가 바구니 밖으로 많이 보이지 않게 조절해 와인을 꽂아줍니다.

6. 레몬트리를 바구니 양쪽 방향으로 길게 꽂아주고 와인병 주변을 남은 레몬트리와 레몬잎으로 채워줍니다.

7. 아트누보 장미 세 송이를 와인 주변을 감싸듯 길이와 방향을 달리해 짧게 꽂아줍니다.

8. 맨스필드파크 장미를 꽂아줍니다. 꽃을 꽂을 때는 한 쪽에만 꽃이 몰리지 않도록 꽂을 꽂을 모든 공간에 골고루 채워가며 꽂아줍니다.

Flower Box & Basket

9

10

9. 꽃의 얼굴 방향은 와인병이 기울어진 방향과 비슷하도록 맞춰줍니다.
10. 코치아와 라일락으로 장미 사이사이에 포인트를 줍니다.

LA FLOR Lesson

- 깊이가 낮은 바구니를 사용하기 때문에 와인병 모양으로 플로럴폼을 비워 준비해야 해요.
- 플로럴폼을 여러 조각내어 사용하므로 더 단단하게 고정하기 위해 나뭇가지나 두꺼운 나무 줄기로 플로럴폼 양쪽 모서리에 고정해요. 이렇게 하면 바인딩와이어를 고정한 후 바인딩와이어가 플로럴폼 안으로 파이는 것을 방지할 수 있어요.

Class 03 : Flower Box & Basket

06
라플로르 인기 색감
오렌지블루 틴 바스켓

Season
겨울

주문용으로 가장 사랑받는 컬러를 꼽자면 단연 오렌지 톤의 비중이 가장 높은 것 같아요. 그래서 라플로르에서는 항상 오렌지 톤의 꽃들을 떨어지지 않게 구비해두고 있어요. 오렌지 톤이 인기 있는 이유는 아마도 사진 촬영을 할 때 가장 화사하게 보이는 색상이어서가 아닐까 생각해요. 꽃 종류에 상관없이 실패 없는 색상 조합인 오렌지와 블루로 틴 바스켓을 완성해볼게요.

Materials

다알리아	4대
서귀	5대
수국	1대
머스터드 장미	7대
델피늄	2줄기
코스모스	10대
리시안셔스	3대
엔젤루이스	7대

Tools

꽃가위, 가시제거기, 플로럴폼, OPP, 틴 바스켓, 리본

How To Make : Flower Box & Basket

1. 바스켓보다 2~3cm 정도 여유 있는 높이로 물에 적신 플로럴폼을 넣어 준비합니다. 녹이 슬 수 있는 바스켓은 OPP를 깔아줍니다.
2. 바스켓 뒤쪽에는 높은 사선으로, 앞쪽에는 낮은 사선으로 서귀를 꽂아줍니다.
3. 바스켓 중간에는 서귀를 낮게 꽂아줍니다.
4. 서귀가 모두 꽂힌 모습입니다.

How To Make :

5

6

5. 파란 톤의 델피늄은 길이에 따라 나누어 잘라줍니다.
6. 델피늄의 가장 뾰족한 윗부분(몽우리)은 뒤쪽에, 중간 부분은 왼쪽 측면에, 가장 작은 아랫부분은 바스켓 오른쪽 앞부분의 측면에 꽂아줍니다.
7. 다알리아를 오른쪽으로 몰아 서귀 사이사이에 꽂아줍니다.
8. 파란 수국 한 대를 나누어 바스켓 테두리에 짧게 꽂아줍니다. 리시안셔스는 중간중간 빈 곳을 채우듯 짧게 꽂아줍니다.

7

8

9. 머스터드 장미는 바스켓에 골고루 꽂아주되 꽂고 싶은 위치의 주변 꽃들과 다른 높이로 꽂아줍니다.
10. 라인감이 있는 엔젤루이스를 흐드러지는 느낌으로 길게 꽂아줍니다.
11. 코스모스는 꽃이 잘 보이도록 길게 꽂아주세요. 이때 코스모스 얼굴 방향이 너무 정면을 보지 않도록 주의합니다.
12. 취향에 따라 틴 바스켓에 리본을 묶어 완성합니다.

Class 03 : Flower Box & Basket

07
10분 만에 완성하는
과일바구니

Season
가을

누군가를 축하하는 날, 과일바구니를 선물할 일이 있을 거예요. 과일만 풍성하게 담긴 바구니도 좋지만 소량의 꽃을 꽂아 특별한 과일바구니를 만들면 더 근사하게 완성할 수 있어요. 하늘하늘한 꽃 한 가지로도 가능한 과일바구니 연출법을 알려드릴게요.

Materials

코스모스	3줄기
모카라	1대
튤립	3송이
겹설유화	2줄기
눈설	2줄기
다정금	1줄기

Materials

꽃가위, 미니데코 플로럴폼, 신문지, 포장지, 리본, 바구니, 핀셋, 과일

How To Make : Flower Box & Basket

1. 과일을 담을 바구니를 준비합니다. 깊은 바구니라면 과일이 바구니 안으로 너무 푹 들어가지 않게 신문지나 종이를 구겨 넣어 안쪽을 채워줍니다.
2. 망사 재질의 포장지를 바구니 위에 살짝 얹어줍니다.
3. 준비한 과일들을 잘 배열하여 바구니에 담아줍니다.
4. 미니데코 플로럴폼을 물에 적셔 준비합니다. 이때 미니데코 플로럴폼을 너무 오래 물에 담궈두면 뒷면에 있는 양면테이프를 제거하는 것이 어려울 수 있으니 플로럴폼이 젖으면 금방 물에서 꺼내줍니다.

How To Make :

5. 미니데코 플로럴폼 뒷부분의 양면테이프를 제거해줍니다.
6. 과일바구니에서 가장 움푹한 부분에 미니데코 플로럴폼을 부착한 후 겹설유화와 모카라를 꽂아줍니다.
7. 다정금과 튤립도 미니데코 플로럴폼에 꽂아줍니다.
8. 튤립과 코스모스는 바구니 양쪽으로 길게 한두 송이씩 꽂아줍니다.

9

10

9. 손이 잘 들어가지 않는 공간에 꽂아야 하는 눈설은 핀셋을 이용해 원하는 위치에 꽂아줍니다.
10. 바구니와 과일 사이의 포장지를 잘 정리해 마무리합니다.
11. 손잡이 부분에 리본을 꼬아가며 둘러주면 밋밋한 바구니 손잡이에 포인트를 줄 수 있습니다.
12. 완성된 모습입니다.

11

12

Class 04 :

01. 작약으로 만드는 겨울 웨딩 부케와 부토니에르
02. 두 가지 꽃만으로도 근사한 웨딩 부케와 부토니에르
03. 소재로 만드는 웨딩 부케

01
작약으로 만드는
겨울 웨딩 부케와 부토니에르

Season
겨울

가을, 겨울 웨딩을 준비하는 신부님들에게 특히 사랑받는 짙은 색감의 부케예요. 부케로 만들었을 때 인기 있는 빨간 톤의 꽃은 레드 피아노 장미, 모카라, 아마릴리스 등 많은 종류가 있지만 그중에서도 겨울에 수입되는 탐스러운 레드 작약을 메인으로 사용한 작약 웨딩 부케를 만들어볼게요.

푸에고 장미

레드 튤립

데이토나 튤립

레드 작약

아스틸베

Materials

레드 작약	1단
데이토나 튤립	5송이
레드 튤립	4송이
아스틸베	5대
푸에고 장미	4대

Tools

꽃가위, 가시제거기,
플로럴테이프, 와이어,
지철사(27호),
부케 장식용 큐빅 버클, 리본

How To Make : Bouquet

1. 작약 세 송이를 높이 차이가 나도록 일자로 길게 잡아주세요.
2. 27호 지철사로 바인딩하여 작약 세 송이를 고정합니다.
3. 작약 꽃들 사이로 빈틈에 레드 튤립, 데이토나 튤립을 끼워줍니다.
4. 아직 비어있는 남은 여유 공간에 튤립이나 아스틸베를 덧대어주세요.

How To Make :

5. 측면에서 볼 때 부케가 납작하지 않도록 높낮이를 조절해줍니다.
6. 좌우 밸런스를 맞춰가면서 푸에고 장미와 남은 꽃들을 더 추가하여 모양을 다듬어줍니다.
7. 지철사 또는 플로럴테이프를 이용해 부케 줄기를 위아래로 바인딩합니다.
8. 다음 작업이 수월하도록 부케 줄기를 1차로 여유 있게 잘라주세요.

9

10

9. 부케 줄기 전체에 리본을 감아줍니다.

10. 리본을 묶어 고정시켜준 모습입니다.

11. 어울리는 색상의 얇은 리본을 감고 한 바퀴 돌려 X자로 꼬임 처리를 합니다.

12. 얇은 리본에 버클을 끼워 정중앙에 고정한 후 부케에 맞춰 줄기를 잘라줍니다.

부케 매듭법
246p

11

12

How To Make :

1. 부케에 사용한 레드 튤립, 데이토나 튤립, 아스틸베를 한 송이씩 잡고 와이어로 고정시켜줍니다.
2. 부케에 사용한 리본으로 부토니에르 줄기를 감아줍니다.
3. 리본을 묶어 마무리합니다.
4. 웨딩 부케와 어울리는 부토니에르가 완성된 모습입니다.

02
두 가지 꽃만으로도 근사한
웨딩 부케와 부토니에르

Season
여름

아이보리빛 웨딩드레스를 입은 신부와 너무나도 잘 어울리는 블러싱브라이드를 이용한 부케예요. 여름 꽃인 블러싱브라이드처럼 특정 계절에만 볼 수 있는 꽃을 이용하면 그 계절이 연상되는 부케를 만들 수 있죠. 여기에서 사용한 블러싱브라이드와 라펠 장미는 말렸을 때 예쁜 꽃들이니 부케로 사용한 후 잘 말려 기념으로 간직하기에도 좋아요.

라펄 장미

블러싱브라이드

Materials

라펄 장미　　　2단
(여유분 1단 포함)
블러싱브라이드　3대

Tools

꽃가위, 가시제거기,
지철사(20호, 27호),
플로럴테이프

How To Make : Bouquet

겉잎 제거 후   겉잎 제거 전

1. 상처가 없는 라펄 장미를 골라 가시와 잎을 제거한 후 물병에 담아 준비합니다.
2. 라펄 장미는 푸릇한 겉잎을 서너 장 제거합니다.
3. 블러싱브라이드는 몽우리 별로 나누고 20호 지철사로 줄기를 덧댄 상태에서 27호 지철사로 감아줍니다.
4. 블러싱브라이드를 지철사로 감아준 모습입니다.

20호 지철사
27호 지철사

How To Make :

5

● 스파이럴 기법과
바인딩 포인트
28p

6

5. 지철사로 감은 줄기는 다시 깔끔하게 플로럴테이프로 감아줍니다.
6. 블러싱브라이드와 라펄 장미를 골고루 섞어가면서 스파이럴 기법으로 형태를 잡아줍니다.
7. 스파이럴 기법으로 형태를 잡아줄 때는 꽃의 높낮이와 얼굴 방향을 다르게 넣어보면서 형태를 잡아줍니다.
8. 부케 정면의 모양을 확인하면서 균형이 맞게 다듬어가며 형태를 잡아줍니다.

7

8

Bouquet

부케 매듭법
246p

9. 부케 모양이 완성되면 얇은 지철사나 방수테이프를 이용해 부케가 흐트러지지 않도록 고정합니다.

10. 부케와 어울리는 리본으로 감고 한 바퀴 돌려 X자 꼬임 처리를 합니다. 줄기 아래에서부터 윗부분까지 리본을 감고 꼬아주면서 탄탄하게 고정시켜줍니다.

11. 꽃이 부러지지 않게 힘 조절에 주의하면서 리본 매듭을 지어 마무리합니다.

12. X자 리본 꼬임 중앙에 진주핀을 하나씩 꽂아주면 부케에 추가적인 포인트도 되지만 리본이 위로 말려 올라가는 것을 방지해주기도 합니다.

How To Make : Bouquet

13. 리본 아래 줄기를 10cm 정도 남겨두고 줄기를 반듯하고 깔끔하게 잘라줍니다. 특히 와이어로 연장한 블러싱브라이드의 와이어가 튀어나와 웨딩드레스에 흠집이 나지 않도록 꼼꼼히 잘라줍니다.

LA FLOR Lesson

- 장미를 사용하는 부케를 만들 때는 실제 사용되는 장미보다 한 단 정도 여유 있게 준비해 상처가 없고 예쁘게 핀 꽃들로만 골라서 사용하세요.
- 부케에 진주핀을 꽂을 때는 반드시 수직이 아닌 사선 방향으로 꽂아주세요. 진주핀을 수직으로 꽂으면 핀이 줄기 사이를 통과해 손이 다칠 수 있어요.

How To Make : Boutonniere

1. 부케에 사용한 라펄 장미와 블러싱브라이드를 한 송이씩 준비합니다. 소재가 있다면 함께 잡고 모아줍니다.
2. 꽃이 부러지지 않게 힘 조절에 주의하면서 지철사나 방수테이프로 감아 고정합니다.
3. 부토니에르 줄기 3cm 정도를 리본으로 감아주고 턱시도의 부토니에르 자리에 고정될 수 있도록 진주핀을 꽂아줍니다.
4. 웨딩 부케와 어울리는 부토니에르가 완성된 모습입니다.

Class 04 : Bouquet

03
소재로 만드는
웨딩 부케

Season
가을

예쁘고 화려한 꽃으로 만드는 부케도 매력적이지만 장시간 웨딩 촬영을 할 때 물 내림 걱정이 없는 화사한 소재 부케도 매력적이에요. 야외 촬영을 할 때 사진도 예쁘게 나오는 소재 부케를 만들어볼게요.

Materials

포모사	5대
엘앤지움	2대
여뀌	3줄기
스키미아	2줄기
루나리아	2대
세이지	4줄기

Tools

꽃가위, 바인딩와이어, 리본, 진주핀

How To Make : Bouquet

1. 포모사에 달린 잎들은 위쪽을 제외하고 모두 다듬어 준비합니다.
2. 포모사 세 대를 삼각형 모양으로 잡아줍니다.
3. 세이지 두 줄기를 포모사보다 높게 잡아줍니다.
4. 루나리아를 잘 다듬어 포모사와 세이지 사이에 넣어줍니다.

How To Make :

5. 여뀌의 늘어지는 방향을 잘 살려 오른쪽 뒷부분에 높게, 부케 앞쪽으로 잡아줍니다.
6. 엘엔지움과 스키미아를 왼쪽 아래에 채워 부케 양쪽의 모양을 맞춰준 후 나머지 재료들로 채워 완성합니다.
7. 부케와 어울리는 색감과 두께의 리본을 골라 소재들의 줄기 아랫부분을 감아줍니다.
8. 리본은 별도의 매듭 없이 진주핀으로만 고정시켜줍니다. 진주핀을 꽂을 때는 비스듬하게 찔러 넣어줍니다.

9. 리본이 감긴 길이만큼 일정한 간격으로 진주핀을 꽂아 마무리합니다.

10. 완성된 모습입니다.

LA FLOR Lesson

• 부케에 진주핀을 꽂을 때는 비스듬하게 꽂아주어야 부케를 잡았을 때 손이 다치는 일이 없어요.

Wreath

Class 05 :

01. 미니 드라이 리스
02. 프리저브드 재료를 활용한 예쁘게 마르는 리스
03. 촛대를 넣은 테이블 리스
04. 오너먼트 리스

Class 05:   Wreath

01
자투리 소재들을 활용해 만드는
미니 드라이 리스

Season
가을

꽃과 소재로 작품을 만들고 어설프게 남은 재료들을 활용해 만들 수 있는 드라이 리스예요. 작은 리스 틀 하나만 준비하면 금방 완성할 수 있답니다.

Materials

태산목	3대
페니쿰	3줄기
씨드스카비오사	3줄기
그린석죽	2대
랑귀로사	1대
억새	1대
갈대	2대

Tools

꽃가위, 릴와이어, 리스 틀, 리본

How To Make : Wreath

1. 지름 20cm 리스 틀을 준비합니다. 모양이 고르지 않다면 손으로 눌러가며 동그랗게 만들어줍니다.
2. 리스 틀 한쪽에 릴와이어를 감고 트위스트로 꼬아 시작점을 고정시켜줍니다.
3. 태산목 잎을 하나씩 따 준비합니다. 크기가 너무 크다면 반을 접은 채로 두 장을 잡고 리스 틀 왼쪽으로 모아줍니다.
4. 와이어를 잡고 돌리면 와이어가 풀어지면서 엉키기 쉽기 때문에 릴와이어는 통째로 짧게 잡고 돌리면서 묶어줍니다.

How To Make :

5

6

5. 씨드스카비오사와 반을 접은 태산목을 오른쪽 방향으로 다시 감아줍니다. 릴와이어로 단단하게 3번 정도 감아주면 충분합니다.

6. 억새는 반을 접어 봉긋한 모양으로 만들어 그린석죽과 함께 잡아줍니다.

7. 그린석죽과 억새를 다시 오른쪽 방향으로 엮어줍니다.

8. 랑귀로사를 남은 소재들과 적절히 섞어 포인트를 주거나 페니쿰을 섞어 흘러내리는 라인을 만들어줍니다.

7

8

9. 원하는 만큼 리스 틀을 채웠다면 릴와이어를 여유 있게 잘라줍니다.
10. 릴와이어를 리스 틀 뒤쪽 가지들 틈으로 여러 번 돌려 와이어가 풀리지 않게 마무리합니다.
11. 남은 페니쿰은 리스 틀 사이사이에 끼워줍니다.
12. 리본으로 비어 있는 리스 틀을 자연스럽게 감아 커버하고 묶어줍니다.

How To Make :

13. 리본을 묶어 마무리합니다.
14. 완성된 모습입니다.

02
프리저브드 재료를 활용한
예쁘게 마르는 리스

Season
가을

프리저브드 재료들은 가격이 비싸다는 단점이 있지만 한번 만들어두면 3년 정도 볼 수 있는 실용적인 재료들이에요. 생화로 드라이리스를 만들면 다 말랐을 때의 색이 대부분 생화 상태의 색보다 짙게 바뀌어요. 수국을 활용해 완전히 말랐을 때도 화사한 느낌이 들 수 있도록 밝은 핑크 톤으로 구성해보았어요.

Materials

프리저브드 수국	1/5대
블렌딩 장미	6송이
매건 장미	3송이
맨스필드파크 장미	5송이
천일홍	24송이
유칼립투스	10줄기

Tools

꽃가위, 가시제거기, 릴와이어, 리스 틀

How To Make : Wreath

1. 맨스필드파크 장미는 바깥쪽 꽃잎을 여러 장 뒤집어 준비합니다.
2. 맨스필드파크 장미 꽃잎을 뒤집어준 모습입니다.
3. 리스 틀 한 쪽에 릴와이어를 감고 트위스트로 꼬아 시작점을 고정시켜줍니다.
4. 꽃을 9시 방향에서 시작해 반시계 방향으로 엮어 나갑니다.

How To Make :

5. 얇게 완성되는 리스로 만들 예정이므로 유칼립투스 한 줄기, 천일홍 두 알, 블렌딩 장미 한 송이 정도로 작게 한 묶음을 잡고 릴와이어로 단단히 감아줍니다.

6. 동일한 방법으로 남은 재료로 꽃묶음을 만들어 리스 틀에 엮어나갑니다. 꽃묶음은 되도록 같은 크기로 묶어주어야 완성된 리스 둘레의 크기가 일정해집니다.

7. 다음 꽃묶음을 앞에 엮은 묶음과 반대 방향으로 리스 틀에 감아줍니다.

8. 같은 방법으로 진행하면서 중간 중간 리스를 정면으로 세워보며 전체적인 두께가 일정한지 확인해줍니다.

9. 제대로 만들어지고 있는 리스는 뒤로 돌려보았을 때 와이어를 감은 간격이 일정합니다.

10. 측면에서 보았을 때도 볼륨감 있는 리스로 완성하고 싶다면 꽃묶음을 리스 틀 양쪽 벽에 세워서 감아줍니다.

LA FLOR Lesson

- 리스에 꽃을 엮어나갈 때는 시계방향이든 반시계방향이든 본인이 편한 방향을 찾아 진행하세요.
- 풍성하고 큰 리스로 완성하고 싶을 때는 릴와이어로 고정할 꽃 묶음에 들어가는 개수를 늘려 큼직하게 만든 후 고정해주세요.
- 리스 틀에 꽃을 엮을 때는 밖에서 안으로, 안에서 밖으로 번갈아가며 엮어주세요.

03
촛대를 넣은
테이블 리스

Season
겨울

크리스마스에 맛있는 음식을 차리고 테이블에 근사한 리스 하나를 올려주면 완벽한 테이블 세팅이 되지요. 리스 중앙에는 집에 하나쯤 있는 초를 무심하게 올려주면 은은한 무드의 크리스마스 밤을 보낼 수 있을 거예요.

열매 유칼립투스

크리스마스부시

더글라스

목화

로건

삼나무

낙엽송

Materials

더글라스	1단
삼나무	1단
낙엽송	1단
열매 유칼립투스	1/2단
크리스마스부시	5줄기
로건	3줄기
목화	5송이

Tools

꽃가위, 링 플로럴폼, 촛대

How To Make : Wreath

1. 링 플로럴폼을 준비하고 작게 자른 삼나무를 여러 방향으로 꽂아줍니다.
2. 플라스틱 링이 가려지도록 삼나무를 링 플로럴폼 안쪽, 바깥쪽으로 골고루 꽂아줍니다.
3. 더글라스도 삼나무와 같은 길이로 잘라 사방으로 꽂아줍니다.
4. 열매 유칼립투스도 여러 방향으로 풍성하게 꽂아주고 테이블과 맞닿는 아랫부분까지 촘촘하게 채워줍니다.

How To Make :

5. 목화를 잘라 플로럴폼 중간중간에 꽂아줍니다.
6. 낙엽송은 삐죽한 느낌을 살려 무심하게 꽂은 느낌이 들도록 자연스럽게 연출해줍니다.
7. 겨울에만 볼 수 있는 크리스마스부시로 포인트를 줍니다.
8. 하얗고 포근한 느낌의 로건을 꽂아 리스를 완성해줍니다. 리스 가운데에 촛대를 넣고 초를 켜면 특별한 분위기를 연출할 수 있습니다.

Wreath

LA FLOR Lesson
- 목화솜의 길이가 짧다면 글루건을 이용해 붙여주세요.
- 크리스마스부시는 가격이 비싼 편이고 늘 있는 소재도 아니라 구하기 어려울 수도 있어요. 색감이 비슷한 대체 재료로 망개나 낙산홍을 추천해요.

04
은은하게 나는 나무 향기
오너먼트 리스

Season
겨울

저는 꼭 겨울이 아니더라도 시간이 날 때마다 소재 리스를 만들어 집에 꼭 걸어두곤 해요. 집에 들어왔을 때 은은하게 나는 나무 향기를 참 좋아해요. 이전에 소개했던 미니 리스들과 만드는 방식은 비슷하지만 이번에는 딱 두 가지 소재만 있어도 풍성하게 완성되는 심플하고 큰 사이즈의 리스를 소개해볼게요.

삼나무　　　　　　　　　　　　　　　편백나무

Materials

편백나무　1단
삼나무　1단

Tools

꽃가위, 리스 틀, 릴와이어, 와이어,
글루건, 오너먼트, 리본

How To Make : Wreath

1. 삼나무와 편백나무를 8~10cm 길이로 미리 잘라 준비합니다.
2. 삼나무와 편백나무를 섞어 서너 줄기를 한 묶음으로 만들어 좌, 우를 번갈아가며 릴와이어로 감아줍니다.
3. 사진처럼 릴와이어는 항상 통째로, 줄 길이는 짧게 하여 움직이기 쉽게 잡아줍니다.
4. 리스를 만드는 중간 중간에 리스의 두께가 일정하게 완성되고 있는지 확인하면서 만들어줍니다.

How To Make :

5. 마지막 묶음만 남은 과정에서는 처음 묶은 나무들이 눌리지 않도록 나무를 살짝 들어 올려 빈 곳에 넣어줍니다.
6. 릴와이어로 마지막 나무를 고정시켜줍니다.
7. 릴와이어를 15cm 정도 여유 있게 잘라내고 리스 틀 뒷부분의 나무 사이사이로 여러 번 교차시켜 풀리지 않도록 고정합니다.
8. 리스 틀 한쪽에 리본을 묶고 길게 늘어지는 끝을 볼륨 있게 잡아 글루건으로 고정시켜줍니다.

9. 오너먼트 끈에 와이어를 끼워줍니다.
10. 오너먼트가 리스 중앙에 올 수 있도록 위치를 확인하여 리스 틀에 묶어 고정시켜줍니다.
11. 벽에 걸고 다듬어야 할 잎을 정리해 완성합니다.

LA FLOR Lesson

- 리스를 만든 후 곧바로 벽에 걸면 중력으로 인해 나무들이 처져 모양이 변형될 수 있어요. 완성된 리스는 바닥에 내려놓고 3일 정도 수분을 날려준 후 벽에 걸어야 원형 그대로의 리스를 오래 볼 수 있어요.

Class 06 :
01. 드림캐처
02. 저그 센터피스
03. 자연줄기로 만드는 화관
04. 수국 파티 센터피스

Class 06: Event Flower

01
드림캐처

가지고 있으면 좋은 꿈을 꾸게 해준다고 여겨지는 상징적인 의미를 가진 드림캐처예요. 작년부터 꼭 드라이 소재들로 재현해보고 싶었는데 역시나 라플로르 스타일로 연출한 드림캐처는 많은 분들의 사랑을 받으며 시그니처 아이템이 되었어요.

1. 알맞은 크기의 원형 틀 테두리에 넓은 폭의 리본을 감아주고 얇은 색실로 드림캐처의 상징인 원 안을 장식합니다.
2. 드림캐처 아랫부분을 여러 모양의 리본으로 길게 묶어 늘어뜨려줍니다.
3. 블루버드, 유니폴라, 씨스타펀, 편백 등의 잘 마르는 소재를 이용해 'CLASS 05. WREATH'에 나오는 방법과 동일한 방식으로 재료를 엮어줍니다.
4. 포인트를 주고 싶다면 글루건이나 와이어를 사용해 틸란드시아나 다육식물을 달아 완성합니다.

Class 06 :   Event Flower

02
저그 센터피스

최대한 다양한 색감을 보여드리고 싶었기에 책에 담지 못한 색감이 무엇이 있을까 고민하다가 구성한 센터피스예요. 라플로르 기초반 수업에서 진행하는 라인을 살리는 센터피스 수업을 응용한 디자인이고 꽃을 잘 모르시는 분들께도 익숙할 정도로 인기 있는 라넌큘러스를 메인으로 연출해보았어요.

1. 유칼립투스와 구아바 잎을 주전자 물조리개 쪽으로 물이 흐르듯 방향을 살려 꽂아줍니다.
2. 아네모네, 하노이, 라넌큘러스를 소재 사이에 채우듯 꽂아줍니다.
3. 아게라덤과 옥시펜탈리움은 라넌큘러스보다 짧게 채워줍니다.
4. 상처나기 쉬운 스위트피는 가장 마지막 작업 단계에서 유칼립투스와 어우러지는 방향을 따라 꽂아 완성합니다.

03
자연줄기로 만드는 화관

웨딩 촬영에 활용하면 좋은 화관이에요. 자연줄기를 활용해 과하지 않고 자연스러운 분위기를 연출할 수 있어 셀프 웨딩이나 야외 웨딩 촬영에 사용하면 잘 어울려요.

1. 20호 지철사 2~3개를 모아 화관 틀을 만들어줍니다.
2. 'CLASS 05. WREATH'를 만들 때와 동일한 방식으로 작은 묶음으로 꽃들을 모아 잡고 지철사를 이용해 화관 틀에 연결해줍니다.
3. 실제로 머리에 써야 하는 소품이니 지철사가 튀어나와 두피에 상처를 주지 않도록 신경 써 마무리해줍니다.
4. 웨딩 촬영과 같이 장시간 사용할 경우 화관에 사용하는 재료들은 물 내림이 급격한 꽃들은 피해줍니다.

04
수국 파티 센터피스

특별한 스킬 없이도 완성할 수 있는 근사한 센터피스예요. 수국 꽃잎 몇 장만 투명 화병 속에 담가주어도 센스 있는 장식이 될 거예요.

1. 투명한 화병에 수국 여러 대를 포개듯 높낮이가 다르게 꽂아줍니다.
2. 남는 꽃의 가지들을 화병 속에 넣어줍니다.
3. 수국 꽃잎을 화병 속에 넣어 완성해줍니다.

LA FLOR FLOWER
Special Tip

Class 07 :

01. 세 가지 방법으로 연출하는 부케 매듭법
02. 풍성하고 화려한 꽃다발 포장법
03. 간단하고 심플한 꽃다발 포장법
04. 포장지, 리본 활용법

LA FLOR Special Tip :

01. 세 가지 방법으로 연출하는 부케 매듭법

부케 매듭법은 여러 가지가 있어요. 어울리는 리본을 한 방향으로만 감고 묶어주는 심플한 방법도 있고 X자로 꼬아가며 모양을 내는 방법도 있어요. 여기에서는 이 두 가지 방법을 모두 사용해 더 화려하게 완성해볼게요. 취향에 따라 부케의 종류에 따라 어울리는 방법으로 활용해보세요.

1

부케에 어울리는 두 가지 굵기의 리본을 준비합니다.

2

부케의 줄기 전체를 굵은 리본으로 감아줍니다.

3

줄기가 보이지 않게 리본을 촘촘히 묶어 마무리해줍니다.

tip 심플하고 자연스러운 느낌으로 연출하고 싶을 때는 리본으로만 마무리해도 좋아요.

4

얇은 리본을 감고 화살표 방향으로 리본을 한 바퀴 감아 X자 꼬임을 만듭니다. 다시 리본을 뒤로 감고 앞으로 돌아와 동일한 방식으로 X자 꼬임을 4개 만들고 매듭지어 마무리합니다.

5

꼬임 처리를 한 후 매듭지어준 모습입니다.

tip 이렇게 두 가지 리본으로 마무리해도 좋아요.

6

버클을 이용해 더 화려하게 장식할 수도 있습니다. 큐빅 버클에 리본 2줄을 사선으로 끼워줍니다.

7
꼬임 처리한 리본을 매듭지은 위치에 버클을 올리고 매듭지어줍니다.

8
두 가지 리본과 버클로 완성한 모습입니다.

<u>tip</u> 192p '두 가지 꽃만으로도 근사한 웨딩 부케와 부토니에르'와 같이 굵은 리본으로만 X자 꼬임처리를 하고 꼬임 부분에 진주핀을 꽂아 완성할 수도 있어요.
200p '소재로 만드는 웨딩 부케'와 같이 리본을 짧게 감고 진주핀을 꽂아 간단하게 완성할 수도 있어요.

LA FLOR Special Tip :

02. 풍성하고 화려한 꽃다발 포장법

1
습지를 꽃다발 크기에 맞게 자른 후 주름잡아줍니다.

2
플로드지는 꽃다발 길이보다 조금 더 여유 있게 두 장을 잘라 준비합니다.

3
사진과 같이 플로드지 두 장을 접어 덧대어줍니다.

4
주름잡은 습지를 바인딩 포인트에 맞춰 덧대어줍니다.

5
플로드지를 한 쪽씩 봉긋하게 말아주면서 바인딩 포인트 위치로 가져와 잡아줍니다. 포장지가 눌리듯 당기면서 잡지 않도록 주의합니다.

6
플로드지가 꽃줄기를 모두 가려줄 수 있도록 마무리합니다.

7
망사 포장지를 꽃다발에 맞춰 여유 있게 잘라 준비합니다.

8
망사 포장지를 꽃다발 밑에 두고 양옆을 말아 바인딩 포인트에서 묶어줍니다.

9
앞에 덧대줄 망사 포장지를 자른 후 주름잡아줍니다.

10
핸드타이드 앞쪽 바인딩 포인트 위치에 덧대어줍니다.

11
망사 포장지를 고정한 모습입니다.

12
어울리는 리본을 묶어 완성합니다.

tip 50p '사랑의 꽃말을 담은 리시안셔스 50송이'와 같이 플로드지 없이 망사 포장지와 습지만으로도 볼륨감 있는 포장을 완성할 수도 있어요.

LA FLOR Special Tip :

03. 간단하고 세련된 꽃다발 포장법

1

주름잡은 습지를 바인딩 포인트에 대어 줍니다. 두꺼운 크라프트지를 잘라(가로는 꽃다발 길이보다 조금 길게, 세로는 꽃다발 길이와 비슷하게) 준비합니다.

2

꽃다발을 왼쪽으로 비스듬히 놓고 한 쪽씩 안쪽으로 말아 바인딩 포인트 위치에서 잡아줍니다.

3

크라프트지를 잘라(가로와 세로 모두 꽃다발 길이와 비슷하게) 꽃다발 왼쪽으로 두고 말아줍니다.

4

포장지의 왼편만 동그랗게 말아 습지 아랫부분과 꽃줄기가 모두 가려지도록 한 번 더 덧대줍니다.

5

어울리는 리본으로 묶어 마무리합니다.

tip 70p '두 가지 장미로 만드는 근사한 꽃다발' 과 같이 안쪽의 포장지를 말지 않고 접어서 완성할 수도 있어요.

04. 포장지, 리본 활용법

포장지

포장지와 매칭되는 리본

1. 망사 느낌의 굵은 웨이브 포장지
망사 느낌이 나는 굵은 웨이브 무늬가 있는 포장지예요. 두껍고 모양 수정이 쉬워요.

2. 크라프트지(50g)
크라프트지는 겉면에 50g, 80g, 100g, 130g 으로 표시가 되어 두께를 선택할 수 있어요. 들꽃과 같은 내추럴한 꽃을 선호하는 분들이나 크라프트지를 좋아하는 분들을 위한 꽃다발에 사용해요. 종이 재질이기 때문에 주름이 잡히면 모양 수정이 어렵고 비가 오는 날은 피하는 것이 좋아요. 어르신을 위한 포장으로는 추천하지 않아요.

3. 격자 망사 포장지
격자 망사 포장지는 두께가 두껍고 포장 시 모양 수정이 쉬워요. 볼륨감이 있는 화려한 포장에 잘 어울려요. 상처가 쉽게 나는 약한 꽃들은 망사의 끝부분에 손상될 우려가 있어서 주의해서 사용해야 해요.

4. 양면 크라프트지
중간 두께의 크라프트지예요. 종이 재질이기 때문에 주름이 잡히면 모양 수정이 어렵고 비가 오는 날은 피하는 것이 좋아요.

5. 굵은 격자 망사 포장지
❸번의 격자 망사 포장지보다 거친 느낌이 적고 두께가 두꺼운 포장지예요. 모양 수정이 가능하나 ❸번의 격자 망사 포장지보다는 어려워요.

6. 고급 크라프트지
10장씩 잘라진 상태로 묶여 판매되는 제품이에요. 두께가 두껍고 종이 재질이라 주름이 잡히면 모양 수정이 어렵고 비가 오는 날은 피하는 것이 좋아요.

7. 플로드지
플로드지는 두께가 얇고 물에 젖지 않아 비 오는 날 포장지로 추천해요. 꽃집에서 일반적으로 가장 많이 사용하는 포장지이고 색상도 다양해요.

8. 작은 격자 망사 포장지
격자 망사 포장지 종류 중에 격자 모양이 가장 촘촘해요. 두께는 얇고 모양 수정도 쉬워요. 비침이 많으므로 여러 장을 덧대어 사용하는 것이 좋아요.

9. 컬러 마 포장지
두께는 두껍고 모양 수정이 쉬워요. 너무 크거나 작은 꽃다발보다는 보통 사이즈의 꽃다발을 포장할 때 좋아요. 비침이 없으며 재질이 차분하고 고급스러워 어르신을 위한 선물용으로 추천하는 포장지예요. 단, 여러 번 수정할 경우 풀을 먹인 듯한 빳빳한 느낌이 사라지고 흐물흐물해질 수 있으니 주의하세요.

Editor's Pick

Flower arrangement

꽃에는 참 특별한 힘이 있는 것 같아요. 장미꽃 한 송이만 집안에 꽂아두어도 기분이 좋아지니 말이에요. 꽃을 좋아하는 분들이라면 분명 공감하실 거예요. 기쁠 때나 슬플 때, 감사의 마음을 표현하거나 특별한 날을 기념하는 일상의 순간 순간마다 꽃은 알게 모르게 우리 곁에 늘 함께 하고 있다는 사실을. 이 책의 기획은 이렇게 시작되었어요. 꽃은 더이상 특별한 날만을 위한 선물이 아니라 우리의 일상에 작은 즐거움을 느끼게 해줄 수 있는 존재라는 걸 이야기하고 싶

었고, 그래서 SNS상에서 많은 분들께 사랑을 받고 있는 LA FLOR FLOWER의 감각적이고 세련된 스타일링으로 일상에서 꽃과 함께하는 즐거움을 나누고 싶었습니다. 꽃을 처음 시작한 초보자분들에게는 쉽지만 근사하게 꽃을 완성할 수 있는 친절한 기본서로, 클래스나 다양한 꽃꽂이를 경험하신 중급 이상의 분들에게는 LA FLOR FLOWER 스타일의 꽃 조합과 포장법을 통해 영감을 얻고 응용할 수 있는 활용서로 유익한 도움이 되기를 바랍니다.

LA FLOR FLOWER의 꽃을 좋아하시는 분들이 궁금해 하셨던 감각적인 꽃꽂이부터 다양한 포장법까지 꽃을 처음 시작하는 분들도 책으로 쉽게 배우실 수 있도록 클래스 내용을 그대로 담아주신 임샛별 선생님께 감사드립니다. 촬영이 수월하게 진행될 수 있도록 힘써주신 플로리스트 선생님들, 아내에게 선물할 꽃다발을 선물 받고 너무나 기뻐하셨던 김남헌 포토그래퍼, LA FLOR FLOWER 이미지처럼 군더더기 없고 세련된 디자인을 해주신 장지윤 디자이너에게도 감사의 말을 전합니다.

2018년 12월 더테이블 기획편집팀

About
LA FLOR
FLOWER

창업반을 대표로 취미반, 기초반, 중급반, 핸드타이드반 등 다양하고 세분화된 정규 클래스가 있으며 핸드타이드, 바스켓, 시즌원데이 등 원하는 작품을 지정하는 맞춤 원데이클래스도 진행하고 있다. 대표적인 라플로르 디자인 작품으로는 드림캐쳐, 크리스마스 쁘띠트리, 라플로르 꽃다발 포장법 등이 있으며 초보자들이 쉽게 접근할 수 있는 클래스를 꾸준히 만들고 있다. 모든 클래스는 라플로르 유선 또는 카카오톡 문의로 신청이 가능하다.

주소
서울 마포구 동교로 36길 7(연남동 260-24) 3층

TEL
070-4898-7389

운영 시간
평일 10:30~20:30
주말 10:00~20:00

 laflorflower

laflor1